Konjunktur und Krise

AKADEMIE-VERLAG · BERLIN

WISSENSCHAFTLICHES

BULLETIN

DES INSTITUTS FÜR

WIRTSCHAFTSWISSENSCHAFTEN

BEI DER

DEUTSCHEN AKADEMIE

DER WISSENSCHAFTEN

ZU BERLIN

HEFT

4

1968

12. JAHRGANG

INHALT

Redaktionsschluß:	4. 10. 1968
Herausgeber:	Institut für Wirtschaftswissenschaften bei der Deutschen Akademie der Wissenschaften zu Berlin
Redaktionskollegium:	Prof. Dr. H. HEININGER, Chefredakteur Prof. Dr. h. c. FRED OELSSNER Prof. Dr. J. L. SCHMIDT Prof. Dr. A. LEMMNITZ Prof. Dr. P. HESS Dr. R. GÜNDEL Dr. K. ZIESCHANG Dr. R. ANDEXEL, Redaktionssekretär
Anschrift der Redaktion:	108 Berlin, Leipziger Straße 3

Verantwortlich für den Inhalt: Prof. Dr. H. HEININGER, 108 Berlin, Leipziger Str. 3. Verlag: Akademie-Verlag GmbH, 108 Berlin, Leipziger Str. 3–4, Fernruf 220441, Telex-Nr. 112020, Postscheckkonto: Berlin 35021. Die Zeitschrift erscheint vierteljährlich. Bezugspreis eines Heftes 6,– M. Sonderpreis für die DDR 4,– M. Veröffentlicht unter der Lizenznummer 1338 des Presseamtes beim Vorsitzenden des Ministerrates der Deutschen Demokratischen Republik. Bestellnummer dieses Heftes: 1059/12/4. Offsetdruck und buchbinderische Weiterverarbeitung: VEB Druckerei „Thomas Müntzer“, 582 Bad Langensalza.

Konjunktur und Krise

INHALTSVERZEICHNIS DES 12. JAHRGANGS, 1968

PETER HESS

"Technostruktur", Monopol und Freiheit - Überlegungen zu J. K. Galbraiths "Die moderne Industriegesellschaft"

Es lohnt sich, dieses Buch ernst zu nehmen; denn Galbraith geht aus von realen Erscheinungen, und schon das ist mehr, als man für die Mehrheit der modernen bürgerlichen Ökonomen sagen kann, den "Idealtyp" meditierenden, in den Wolken schwebenden Modellkonstrukteuren und kleinbürgerlichen, der unverstandenen Vergangenheit nachtrauernden Romantikern. Wie er dagegen die Erscheinungen deutet, sie theoretisch zu fassen sucht, die sozialen Folgen analysiert und voraussagt - nun gut, wir haben es mit einem bürgerlichen Ideologen zu tun und werden mit ihm streiten.

1. Hauptthese - der Markt ist durch die Planung verdrängt worden.

Als augenfälligste Veränderung der letzten Jahrzehnte, insbesondere nach dem zweiten Weltkrieg, bezeichnet Galbraith den "Einsatz einer fortwährend komplizierteren und raffinierteren Technologie bei der Güterproduktion". (13)+ Diese bringe aber die Notwendigkeit mit sich, die Aufgaben immer weiter zu unterteilen, Spezialwissen auf die Teilgebiete anzuwenden und die fertigen Elemente der Aufgabe wieder zu einem Gesamtprodukt zusammenzufügen. (26) Das sei der Ausgangspunkt für die Bestimmung des Bildes der modernen Industrie, denn hieraus ergebe sich:

1. eine ständig wachsende Zeitspanne zwischen Beginn und Abschluß einer Aufgabe;
2. erhöhter Kapitalaufwand;
3. höhere Bindung von Zeit und Geld;
4. Notwendigkeit von Spezialwissen und Spezialisten; hieraus wiederum
5. die Unabdingbarkeit der Organisation und aus alledem
6. die Notwendigkeit der Planung.

Die Notwendigkeit der Planung wiederum bedingt einen wachsenden Apparat zur Manipulierung der Verbraucher, die staatliche Regulierung der Gesamtnachfrage und der Ausgaben, der "Ersparnisse" und der Investitionen. "Die Technologie, die eine so starke Bindung von Zeit und Kapital bedingt, hat die Unternehmen gezwungen, sich von den Unsicherheiten des Marktes zu befreien. Die spezialisierte Technologie läßt den Markt immer unzuverlässiger werden. Deshalb kontrolliert die Firma die Preise, zu denen sie Material, Zubehör und Arbeitskräfte einkaufen kann, und unternimmt Schritte zur Sicherstellung der Versorgung zu diesen Preisen. Sie kontrolliert auch die Verkaufspreise und sorgt dafür, daß die Öffentlichkeit oder andere Hersteller oder der Staat die geplanten Warenmengen zu diesen Preisen abnehmen." (130)

Nun gilt es zu unterscheiden. Daß die Natur des auf der Maschinerie beruhenden Produktionsprozesses Planmäßigkeit und Organisation verlangt, daß die von Galbraith angeführten Faktoren dieses Erfordernis verstärken, ist völlig richtig - a b e r n i c h t n e u. Es handelt sich hier um ein inhärentes Charakteristikum des kapitalistischen Unternehmens, von Marx und Engels bereits festgestellt und analysiert.[1] Alles, was Galbraith in diesem

---

+ Alle Seitenangaben in Klammern beziehen sich auf: J. K. Galbraith, Die moderne Industriegesellschaft, Droemersche Verlagsanstalt Th. Knauer Nachf., München-Zürich 1968

Zusammenhang an Gedanken und Information unterbreitet, um die Notwendigkeit der Planung im kapitalistischen Unternehmen zu beweisen, ist durchaus instruktiv und lesenswert, zur Untermauerung seiner These (Ersetzung des Marktes durch den Plan) aber nicht relevant. Was er natürlich im Auge hat und dann auch sagt, ist nicht die Verdrängung des Marktes durch die Planung im Betrieb, sondern die Überwindung der "Anarchie der Produktion in der ganzen Gesellschaft" (Engels), die Galbraith Markt nennt, durch die Planmäßigkeit. Und hier unterliegt er einem grundlegenden Irrtum, der seinem Nichtverstehen des Wesens der von ihm mit viel Sachkenntnis beschriebenen Veränderungen im Kapitalismus Ausdruck verleiht. Wir müssen dies etwas ausführlicher darstellen.

Unter vormonopolistischen Bedingungen war die kapitalistische Wirtschaft durch die Existenz einer unüberschaubaren Vielzahl von kleinen Kapitalen gekennzeichnet. Die erforderlichen Kapitalvorschüsse waren relativ klein, der regelmäßige Untergang einzelner Kapitale im Konkurrenzkampf wurde kompensiert durch das Entstehen neuer Kapitale und das Wachstum aller Überlebenden. Der Beitrag, den das einzelne Kapital zur Produktion der Warenmasse einer bestimmten Art leistete, war gering, eine neue Produktionsstätte machte für sich keinen spürbaren Eindruck auf den Markt, ebensowenig ihr Verschwinden. Die Einführung technischer Verbesserungen verlangte relativ geringe Kapitalaufwendungen, die Wissenschaft stand dem Kapital praktisch unentgeltlich, einer Naturkraft ähnlich, zur Verfügung. Die erforderliche Bildung der Arbeiter war niedrig, die Berufsausbildung, soweit überhaupt vorhanden, war Sache des Einzelnen und kostete den Kapitalisten nichts. Die für die Produktion erforderliche Schicht von höher Gebildeten fiel gleichfalls nicht ins Gewicht.

Unter diesen Bedingungen vollzog sich der kapitalistische Produktions- und Verwertungsprozeß, das Wachstum des Kapitals und damit der Produktion mittels eines Mechanismus, der tendenziell die gleichmäßige Verteilung des Profits entsprechend dem Umfang des vorgeschossenen Kapitals anstrebte, d.h. auf der Grundlage des Gesetzes des Durchschnittsprofits. Dieser war das notwendige und ausreichende Minimum der Verwertung des Kapitals. Der noch gering entwickelte Maßstab der Produktion gestattetete zudem durchweg eine wesentlich kurzfristige Berechnung des Profits Marx nahm nicht zufällig das Jahr als Zeitmaßstab.

Das objektive Gesetz der Verteilung der gesellschaftlichen Arbeit entsprechend dem Durchschnittsprofit verschaffte sich mittels der freien Konkurrenz Geltung, die dem Kapitalisten gegenüber als Zwangsgesetz des Handelns erschien. In einer auf Privateigentum beruhenden Gesellschaft kann der gesellschaftliche Zusammenhang nur hergestellt werden durch das gegenseitige Aufeinanderwirken der Einzelkapitale, und das ist eben Konkurrenz. Die Konkurrenz ist daher die notwendige Form, in der sich die Entwicklung der Produktivkräfte innerhalb des Widerspruchs zwischen gesellschaftlicher Produktion und privatkapitalistischer Aneignung anarchisch durchsetzt.

Unter Bedingungen, wo der Durchschnittsprofit notwendige Voraussetzung der kapitalistischen Akkumulation war, bedurfte es für das Wachstum des Kapitals der weitestgehenden Entwicklung der freien Konkurrenz. Gerade die Konkurrenz der Kapitale um ihren Anteil am gesellschaftlichen Profit führte über Disproportionen aller Art, Krisen und Vergeudung gesellschaftlicher Arbeit zu einer Verteilung der gesellschaftlichen Arbeit, die die Ausnutzung der sich entwickelnden technischen Möglichkeiten gestattete.

In diesem Prozeß vollzogen sich Akkumulation und Konzentration des Kapitals, Produktion auf wachsender Stufenleiter, Vertiefung der Arbeitsteilung, Ausdehnung und Vertiefung des Kapitalverhältnisses. Wachstum des Kapitals ist gleichbedeutend mit wachsender Konzentration, steigendem Minimum des für die Verwertung notwendigen Kapitalvorschusses, Vertiefung der betrieblichen und gesellschaftlichen Arbeitsteilung, gewaltigem und wachsendem Umfang der schon produzierten Produktionsmittel als Voraussetzung gegenwärtiger und künftiger Produktion, wachsender Verwandlung der Produktion in technologische Anwendung der Wissenschaft, d.h. wachsender Bedeutung der Wissenschaft für die Produktion und entsprechenden Anforderungen an die Bildung sowie Aus- und Weiterbildung der

Produzenten, wachsender Rolle der allgemeinen Bedingungen der Produktion, insbesondere der Verkehrs- und Kommunikationsmittel aller Art. Akkumulation und Wachstum des Kapitals bedeuten auch, daß sich das Kapital mehr und mehr alle Bereiche der gesellschaftlichen Produktion unterordnet, bedeutet die Erschöpfung der Quellen für ein extensives Wachstum.

Die neuen Maßstäbe der Produktion erschweren und verbieten gar in einem zunehmenden Bereich der Produktion das Eindringen neuer Kapitale, d.h. sie verlangen und sichern (natürlich nicht vollständig) die "großen und fertig eingerichteten Kapitale" (Marx vor der Konkurrenz seitens neu entstehender Kapitale. Die Sicherung der Existenz der großen Kapitale verlangt gleichzeitig, daß sowohl die gewaltig angehäufte, insbesondere in fixer Form existierende Kapitalmasse gegen plötzliche Entwertungen geschützt wird und daß der jetzt notwendige große Kapitalvorschuß zur Erweiterung des Geschäfts sich unbedingt als Kapital bewährt, d.h. Profit über den bisher realisierten hinaus produziert. Das verlangt seinerseits eine gewisse Sicherheit bezüglich der physischen Struktur und der Kosten der benötigten Produktionsmittel, eine gewisse Sicherheit für die zu treffenden mehr oder weniger langfristigen Dispositionen im Arbeitsprozeß, in der wissenschaftlichen Vorbereitung der Produktion, eine gewisse Sicherheit auch, daß die allgemeinen Bedingungen der Produktion im notwendigen Ausmaß und in der notwendigen Struktur zur Verfügung stehen.
Struktur zur Verfügung stehen.

Die einschneidenden Veränderungen, die sich vollzogen haben, sieht Galbraith auch - in ihren Erscheinungsformen, ihrer Oberflächengestalt. Die Entwicklung der Produktivkräfte und die Vergesellschaftung der Produktion verlangen in der Tat Planmäßigkeit im Rahmen der gesamtgesellschaftlichen Produktion. Aber es herrscht ja immer noch kapitalistisches Eigentum an den Produktionsmitteln. Was Galbraith nicht begreift, ist die Tatsache, daß die Veränderungen objektive Notwendigkeiten auf der Grundlage der neuen Verwertungsbedingungen des Kapitals sind, daß es um die Sicherung der Verwertungsbedingungen auf der Grundlage der erreichten Stufe der Produktion geht, daß die Sicherung der Verwertungsbedingungen in der Tat nicht mehr dem freien Spiel der Kräfte auf dem Markt überlassen werden kann, daß angesichts des Weiterbestehens des kapitalistischen Eigentums an den Produktionsmitteln die Monopolisierung der Bedingungen der Produktion und der Verwertung notwendig wird. Dieser Notwendigkeit entsprach auf einem bestimmten Punkt der Entwicklung die Möglichkeit, indem einige große Kapitale in der Lage waren, Vereinbarungen abzuschließen, zu fusionieren usw., wie es Lenin beschrieben hat. Das private Monopol entspricht den von den Produktivkräften gesetzten neuen Bedingungen für die Profitproduktion in einem bestimmten, durch seine eigene Kapitalmacht begrenzten Rahmen; auch dieser wird aber bald zu eng. Die Monopolisierung schreitet fort zur staatlichen Monopolisierung, zur Kombination und Verschmelzung der ökonomischen und politischen Macht der Monopole mit der des Staates.

Galbraith polemisiert aber ausdrücklich gegen die Vorstellung der Monopolmacht. Er schreibt:

"Unter den Wirtschaftswissenschaftlern hält sich aber immer noch hartnäckig das Vorurteil, daß sich der Kleinbetrieb nicht vor der Leistungsfähigkeit der Großbetriebe oder ihren größeren technischen Möglichkeiten auf dem Rückzug befinde, sondern lediglich vor den Monopolen. Die Monopolgesellschaften hätten es leichter, hohe Gewinne zu erzielen, darin liege ihr Vorteil... Die Firmengröße dient im allgemeinen der Technologie und nicht in erster Linie dem Profit." (47)

Das ist eine eigenartige Gegenüberstellung, eine grandiose Begriffsverwirrung. Wie konnte das einem doch so ernstzunehmenden Beobachter wie Galbraith passieren? Des Rätsels Lösung findet man darin, daß Galbraith gegen den gängigen, durch und durch unwissenschaftlichen bürgerlichen Monopolbegriff polemisiert, wonach es sich hierbei um eine Marktform zur Maximierung des Profits handelt. Wenn das Unternehmen Monopol wäre, meint Galbraith, dann müßte es ja dem Höchstprofit nachstreben, dieses Streben kann aber nur der Markt dem Unternehmen vermitteln. Mit dem Streben nach Höchstprofit unterwerfe sich das Unternehmen dem Markt. Das Monopol könnte mit weniger als dem Höchstprofit zufrieden sein, aber das widerspräche dem Sinn des Monopols. In Wirklichkeit erzwinge aber die Technologie Planung, Befreiung von der Unsicherheit des Marktes, Kontrolle der Preise für die inputs, Kontrolle der Verkaufspreise zur Sicherung des Absatzes. "Infolgedessen ist die Erzielung von Höchstgewinnen - nach den Spielregeln des Marktes das einzige Ziel - nicht mehr nötig."(130) Und folglich sei das Großunternehmen kein Monopol.

Galbraith glaubt, daß er gegen den Marxismus polemisiert. "... nicht eine Ideologie, sondern der Ingenieur ist der wahre Feind des Marktes"(48). Der Monopolbegriff ist für ihn eine Zwangsvorstellung der (sozialistischen) "Ideologie". Die marxistische Auffassung vom Monopol ist aber die, daß es sich hier um eine Entwicklungsform des kapitalistischen Produktionsverhältnisses handelt, die auf der erreichten Stufe der Entwicklung der Produktivkräfte die Bedingungen der Kapitalverwertung monopolistisch, d.h. gegen den dem Kapitalismus eigentümlichen, durch die freien Konkurrenz vermittelten Profitmechanismus verändern muß und verändert, unter Anwendung von ökonomischer und außerökonomischer Macht und Gewalt.

Maximalprofit oder Profitmaximierung sind nun zur Kennzeichnung des Neuen im heutigen Kapitalismus keine sehr treffenden Begriffe. Dem Einzelkapital ging und geht es immer um höchstmögliche Verwertung (natürlich auch immer vom Standpunkt einer gewissen Zeitspanne). Gesellschaftlich betrachtet, und damit rückwirkend für das Einzelkapital, geht es aber um die Sicherung der Verwertungsbedingungen überhaupt, und welche quantitative Höhe der Profite das voraussetzt, hängt von einer Vielzahl von Bedingungen ab. Auch der vormonopolistische Kapitalist, für den der Durchschnittsprofit Minimum der Verwertung war, strebte subjektiv die höchstmögliche Verwertung an, wußte aber auch, daß es zeitweilig notwendig sein konnte (und möglich war), selbst ganz auf Profit zu verzichten, um sich künftig als Kapitalist, d.h. als Profitproduzent, zu bewähren.

Die Gegenüberstellung von technisch hochentwickelter Großproduktion und ihren Erfordernissen auf der einen Seite und dem Monopol sowie seinen Erfordernissen auf der anderen Seite offenbart also Unkenntnis der marxistischen Theorie (und das ist unverzeihlich bei einem Wissenschaftler, der an unzähligen Stellen direkt oder indirekt gegen Marx und die Marxisten polemisiert) und theoretisches Unvermögen. Monopol ist gerade die soziale Entsprechung der entwickelten Produktivkräfte und der Vergesellschaftung der Produktion auf kapitalistischer Grundlage, die Galbraith in seinem Buch beschreibt.

Es ist nun eine Tatsache, daß das Monopol und das Staatsmonopol den Bereich der kapitalistischen Planmäßigkeit ausdehnen. Das Monopol ist die Negation der freien Konkurrenz; aber es beseitigt die Konkurrenz nicht. Die Konkurrenz ist, wie gesagt, nichts anderes als das gegenseitige Einwirken der durch Privateigentum getrennten Produzenten. Planmäßigkeit im gesellschaftlichen Maßstab ist erst möglich, wenn die Gesellschaft auch über die Produktionsmittel verfügt. Zweifellos, die Konkurrenz ist auf neue Ebenen verlagert, im wachsenden Maße sogar auf die Ebene des Staates, sie nimmt neue Formen an. Wiederum beschreibt Galbraith viele dieser Erscheinungen, fügt neue Tatsachen dem Schatz des Bekannten zu, dringt aber nicht zum inneren Wesen der Erscheinungen vor. Er stellt fest, daß "der mit dem Warenabsatz verbundene Apparat zur Beeinflussung und Aufklärung der Verbraucher ganz gewaltig angewachsen" ist (15). Spricht denn das für die Verdrängung des Marktes durch den Plan, oder nicht vielmehr für eine bestimmte Seite der monopolistischen Veränderungen der Marktbedingungen? Was bedeutet es denn, wenn Galbraith richtig feststellt, daß bei den hohen Kapitalaufwendungen für technologische Entwicklungen "Kosten und Risiken sich beträchtlich herabsetzen (lassen), wenn der Staat hochtechnisierte Entwicklungen finanziert oder den Absatzmarkt für technisch hochentwickelte Geräte garantiert?"(17) Ist das nicht geradezu typisch für die staatsmonopolistische

Veränderung eben des Marktmechanismus zur Sicherung der Kapitalverwertung? Er selbst führt Beispiele dafür an, daß sich nur die Formen der Produktionsanarchie verändert haben (vgl. z.B. S. 40).

Galbraith versteht nicht, was er gewissenhaft beschreibt. Er hat ja völlig recht, wenn er mit scharfer Ironie gegen das herrschende Volksmärchen (so von ihm genannt) angeht, wonach der souveräne Konsument durch seine Konsum- und Sparneigungen über verschiedene Zwischenglieder letztlich das Wachstum der Wirtschaft bestimmt. Daß dies nicht so ist, beschreibt er treffend des langen und des breiten; das zieht sich durch das ganze Buch und ist höchst lesenswert. Dieser "anerkannte Ablauf" (accepted sequence), wonach die Initiative beim Verbraucher liege, der über den Markt Signale an die Herstellerfirmen gebe (238) beschreibe nicht mehr, sagt Galbraith, die Wirklichkeit und werde durch einen "revidierten Ablauf" (revised sequence) ersetzt, wonach die Initiative beim planenden Großbetrieb, notwendigerweise unterstützt durch den Staat, liege. Die Wirtschaftswissenschaft befinde sich nicht grundsätzlich im Irrtum, ihr sei nur eine veraltete Anschauung vorzuwerfen. (242) Früher habe es sich nämlich wirklich so verhalten, wie es der "anerkannte Ablauf" beschreibt. Indes, weit gefehlt. Die "Initiative" lag damals und heute beim Kapital, damals und heute ist Plusmacherei, die objektive Notwendigkeit und das subjektive Streben, Profit zu erzielen, Triebkraft der gesamten Entwicklung. Der so anschaulich und instruktiv beschriebene "revidierte Ablauf" - es ist in der Tat bedauerlich, daß wir zugunsten der theoretischen Argumentation die zahlreichen interessanten Darstellungen der heutigen kapitalistischen Wirklichkeit übergehen müssen - dient eigentlich nur dem Zweck, die

2. Hauptthese - die Macht der "Technostruktur" hat die Macht des Kapitals verdrängt -

zu begründen.

Der Gang der bedauerlich primitiven "Beweisführung" ist etwa folgender: Die Macht gehe vom jeweiligen knappen Produktionsfaktor aus. Früher war dies das Kapital, welches der Markt zur Verfügung stellte. Wer Kapital besaß, besaß auch wirtschaftliche und soziale Macht. Heute aber sei auch auf dem Gebiet der Kapitalbeschaffung die weitgehende Unabhängigkeit vom Markt erzielt worden, das Kapitalangebot würde geplant, und daraus resultiere die Tendenz zum Überfluß an Kapital und die Notwendigkeit, die "Ausnutzung der Ersparnisse" sicherzustellen (50). "Gleichzeitig haben die Anforderungen der Technologie und Planung den Bedarf des Industriebetriebs an Spezialisten und die Notwendigkeit ihres organisierten Einsatzes gesteigert. Das Industriesystem muß hierfür größtenteils auf ein außerhalb seines Einflußbereichs liegendes Potential zurückgreifen. Mit Kapital kann sich ein Betrieb selbst versorgen, mit Spezialisten dagegen kaum... Nach den Erfahrungen der Vergangenheit war eine neue Verlagerung der Macht zu erwarten, und zwar vom Kapital auf die organisierte Intelligenz... Genau das ist geschehen". (73)

Nach Galbraith ist es also wie folgt: Aus der Notwendigkeit der Planung im allgemeinen, aus der Planung des Kapitalangebots und der daraus resultierenden Leichtigkeit der Kapitalbeschaffung im besonderen, ist die Macht auf den nunmehrigen "knappen" Faktor übergegangen, die organisierte Intelligenz oder "Technostruktur". "Diese Gruppe ist sehr groß... Es gehören alle dazu, die zur Entscheidungsfindung durch die Gruppe spezielles Wissen, besondere Talente oder Erfahrungen beitragen. Diese Gruppe... ist die richtungsweisende Intelligenz - das Gehirn - des Unternehmens."(88)

Wir beabsichtigen nicht, uns mit der Frage des einst angeblichen Kapitalmangels und des jetzt angeblichen Kapitalüberschusses auseinanderzusetzen, die dieser ganzen Konstruktion mit zugrundeliegt. Gerade in dieser Frage greift Galbraith bedenkenlos auf "anerkannte Volksmärchen" der bürgerlichen Ökonomie zurück, die übrigens auch der Ausgangspunkt der Irrwege mancher dem Marxismus nahestehenden Ökonomen ist. Wir hatten Gelegenheit, die Grundpositionen der marxistischen Theorie in diesem Zusammenhang an anderer Stelle darzulegen.[2]

Sehen wir nun zunächst vom Verhältnis Kapital und "Technostruktur" ab, so beschreibt letzterer Begriff eine reale Entwicklung.

Ein wesentliches Charakteristikum der kapitalistischen Produktion auf ihrer heutigen Entwicklungsstufe ist die quantitativ und qualitativ ungeheuer angewachsene Rolle der Wissenschaft. Die wechselseitige Durchdringung von Wissenschaft und materieller Produktion haben eine von Marx vorausgesehene neue Qualität erreicht. Es ist die Tendenz des Kapitals, wie Marx sagte, der Produktion wissenschaftlichen Charakter zu geben, sie wird immer weniger der Geschicklichkeit des Arbeiters untergeordnet und immer mehr technologische Anwendung von Wissenschaft. Die unmittelbare Arbeit tritt neben die Produktion, die unmittelbare Fertigung und mehr und mehr ihre Überwachung selbst wird von Maschinen und Automaten übernommen. In dem Maße, wie die Verwissenschaftlichung der Produktion voranschreitet, muß sich das Kapital auch die Wissenschaft unterordnen, in die eigene Regie übernehmen. Wenn die Entwicklung der Produktionsmittel, des Produktionsprozesses und der Produkte sich mehr und mehr in einen wissenschaftlichen Prozeß verwandeln, in wissenschaftliche Tätigkeit, dann ist es klar, ja eine Tautologie, daß diese wissenschaftliche Tätigkeit in die großen Fabrikationsstätten eingegliedert werden muß.

In der heutigen Zeit wird die wissenschaftliche Forschung überwiegend von den einzelnen Großkapitalen betrieben (und vom Staat finanziert), diese bestimmen die Richtung und das Ausmaß der Forschung nach ihren speziellen Verwertungsbedürfnissen, ihnen - und nicht der Allgemeinheit - stehen die Ergebnisse zur Nutzung oder Nichtnutzung zur Verfügung. Die Monopolisierung der Produktionsbedingungen ist konsequent fortgeschritten zur Monopolisierung der Wissenschaft.

Gleichzeitig verlangt die Umsetzung wissenschaftlicher Erkenntnisse in hochmoderne Produktionsinstrumente nicht nur die bildungsmäßigen Voraussetzungen zu ihrer Herstellung, sondern auch zu ihrer Anwendung. Das frühere und von Marx so bezeichnete "numerisch unbedeutende Personal, das mit der Kontrolle der gesamten Maschinerie und ihrer beständigen Reparatur beschäftigt ist, Ingenieure, Mechaniker, Schreiner usw."[3] hat sich heute zu einer quantitativ w e s e n t l i c h breiteren und qualitativ für den Produktionsprozeß entscheidenden Schicht, insbesondere in den Großkonzernen, herausgebildet. Hinzugekommen sind die Fachleute für Planung, Organisation und Leitung, ganz zu schweigen von dem wachsenden Stab "betriebseigener" Forscher und Entwickler außerhalb des unmittelbaren Produktionsprozesses. Natürlich ist es rein apologetisch, die mit dem Kapital eng verbundenen großen Manager mit den Ingenieuren, Technikern, Facharbeitern usw. in einem Begriff, etwa "Technostruktur", zusammenzufassen. Tatsache ist aber, daß diese in sich sicherlich klassenmäßig widersprüchliche Gruppe wächst, und Galbraith beschreibt dieses Wachstum durchaus zutreffend.

Im Zusammenhang mit der sogenannten Computerrevolution haben amerikanische Ökonomen den Begriff der "software" eingeführt, der - im Unterschied zu den Computern selbst - die für ihre Anwendung notwendigen Programmierer, Mathematiker, Techniker usw. bezeichnen soll. Ein französischer bürgerlicher Journalist schreibt: "Vom Augenblick, da der Computer nicht mehr ein reines Berechnungs-, sondern ein Führungs- und Informationsorgan wird, hängt alles mehr von der Intelligenz, der Programmierung ab, als von der technischen Perfektion des Apparates. Die Zukunft der Computer gehört den Meistern der 'software', den schärferen Denkern, nicht den Beherrschern der 'hardware', den Technikern der industriellen Forschung und Teamarbeit".[4]

Diese Entwicklung hat Galbraith im Auge, und er beschreibt einige ihrer Erscheinungsformen mit der für ihn typischen Akribie, mit hohem journalistischen Können und großer Eindringlichkeit. Das ist interessante, ja direkt spannende Lektüre. Woran es auch hier wieder hapert, ist die Einordnung dieser Erscheinungen in das kapitalistische System, die theoretische Verallgemeinerung.

Da die Macht, wie Galbraith glaubt, dem Kapital entrissen wurde und auf die "Technostruktur" übergegangen ist, haben sich auch die Ziele des Systems grundlegend verändert. Das Ziel ist nicht mehr der Profit, das entsprach der Macht des Kapitals, sondern zunächst ganz allgemein das "Überleben der Technostruktur". Wie wird das begründet? Es ist notwendig, die Gedankenfolge Galbraiths in einiger Ausführlichkeit zu unterbreiten, um seine in sich ziemlich fugenlose Konstruktion zu begreifen.

Zunächst einmal sei es ja - wie er immer wieder betont - der Markt gewesen, der das Ziel der "Profitmaximierung" erzwang; der Markt aber herrsche nicht mehr, folglich sei dieses Ziel nicht mehr notwendig, auch wenn - für den Erfolg der "Technostruktur" - ein hoher und sicherer Fluß von Einnahmen eine Voraussetzung sei. Mehr noch, da die Macht auf die "Technostruktur" übergegangen sei, diese sich aber nicht aus Kapitaleigentümern zusammensetze, scheide das persönliche Profitstreben überhaupt aus. Über ein sozial-psychologisch begründetes System von "Identifizierung" - die freiwillige Aufgabe der eigenen Ziele zugunsten der Ziele der Organisation - und "Adaption" - die Einordnung in eine Organisation in der Hoffnung, die Ziele dieser Organisation den eigenen Zielen näherzubringen - werden die Ziele und Motive der "Technostruktur" denen ihrer Mitglieder und umgekehrt angepaßt. Gleichzeitig, entsprechend dem "Prinzip der Folgerichtigkeit", müssen sich die Ziele der Gesellschaft, der Organisation und des Einzelnen folgerichtig entsprechen. Worin bestehen diese Ziele? Galbraith antwortet: "Jede Organisation hat wie jeder Organismus naturgemäß ein vorrangiges Ziel: das Bestreben, zunächst einmal sich selbst zu erhalten. Das gilt selbstverständlich auch für die Technostruktur."(189)

Die wichtigste Voraussetzung für das Überleben der "Technostruktur" sei ihre Autonomie, denn sie trifft ihre Entscheidungen auf Grund der spezialisierten Information ihrer Mitglieder. "... diese Machtausübung durch eine Gruppe (kann) durch äußere Einwirkungen unverläßlich oder wirkungslos gemacht werden". (85) Für die Erhaltung der Autonomie müsse ein Minimum an Gewinnen gewährleistet werden, denn sonst könnten die Aktionäre aufmucken (wenn die gewohnten Dividenden nicht fließen) und außenstehende Kapitalgeber könnten versuchen, sich einzumischen. (190) "Wenn die Sicherheit der Technostruktur erst einmal durch ein Minimum an Gewinnen gewährleistet ist, dann hat sie hinsichtlich ihrer Ziele in gewissem Umfang freie Wahl. Nichts ist zwingender als der Selbsterhaltungstrieb. Über die Art und Weise, wie dieser Notwendigkeit entsprochen wird, herrscht jedoch überwiegend Einmütigkeit: Es geht darum, umsatzmäßig die größtmögliche Zuwachsrate zu erzielen."(193)

Dieses letztere Ziel, so meint Galbraith, entspräche völlig den persönlichen und pekuniären Interessen der Mitglieder der "Technostruktur" und dieser Organisation insgesamt.

"Eine Expansion des Ausstoßes bedeutet eine Expansion der Technostruktur. Eine solche Expansion wiederum bedeutet mehr Arbeitsplätze mit mehr Verantwortung und infolgedessen bessere Aufstiegschancen und höhere Gehälter."(194) Außerdem:

"Mit dem Aufstieg der Technostruktur wird jeder Produktionsschwund einschneidender und gefährlicher. Man kann die Kosten nicht mehr einfach durch die Entlassung von Lohnarbeitern reduzieren. Auf die Technostruktur entfällt jetzt ein wesentlicher Anteil der Gesamtkosten... In der Technostruktur wird in Gruppen gearbeitet. Man kann aber nicht ganze Gruppen entlassen... Außerdem werden ja auch die Entscheidungen über Einsparungen in der Technostruktur selbst gefällt ... Selbst eine verhältnismäßige unrentable Expansion ist in diesem Fall gerechtfertigt."(195)

Dem Wachstum der Firma und damit dem Überleben der "Technostruktur" dient nun in Galbraiths Konstruktion wiederum die Kontrolle der Preise, die Kontrolle und Manipulierung der Nachfrage, der "revidierte Ablauf", den wir bereits behandelten, und führt vor allem zur spezifischen Rolle des Staates in diesem ganzen System. Über diese macht sich Galbraith keine Illusionen.

"Vieles von dem, was man für sozial wichtig hält, ist eigentlich nur die Adaption sozialer Haltungen an den Zielkomplex der Technostruktur."(185) Und: "Der ausgereifte Betrieb stellt ganz eindeutig einen Arm des Staates dar. Und der Staat ist in vieler Hinsicht ein Instrument des Industriesystems"(332).

Galbraith verlacht die in der bürgerlichen Literatur geheiligten Grundsätze von der

Trennung zwischen Staat und Unternehmen. "Die Begründungen, mit denen diese Trennung verteidigt wird, sind ganz offenkundig heuchlerisch", (192) sagt er mit Recht, aber, da er den Wesensinhalt des Zusammenschlusses von Staat und kapitalistischen Unternehmen vom Hintergrund seiner theoretischen Gesamtvorstellungen nicht zu erfassen vermag, ist seine Vorstellung von diesem Prozeß reichlich dunkel, eher psychologisch als ökonomisch-politisch begründet. "Der Prozeß, durch den soziale Ziele den Zielen des Unternehmens und letztlich denen der Technostruktur angepaßt werden, ist weder analytisch noch logisch zu erfassen, sondern vielmehr der Triumph ungeprüfter aber stetig wiederholter Annahmen über das exakte Denken."(186)

Galbraith sieht einen grundsätzlichen Unterschied in den früheren Beziehungen zwischen Unternehmerbetrieb und Staat einerseits und dem "ausgereiften" Betrieb und Staat andererseits. Erstere beruhten, wie er meint, auf gemeinsamen pekuniären Interessen. Daß sich das völlig geändert habe, sucht er wie folgt zu beweisen:

"Man sieht sich nach Gesetzgebern um, die von den Großbetrieben bezahlt werden, nach Staatsbeamten, die finanziellen Verlockungen zugänglich sind... Die beste Entdeckung ist natürlich ein traditionsverbundener Mensch, der in einer schwarzen Mappe Geld mit sich herumträgt. Diese Leute sind selten geworden, aber jedes Jahr werden ein oder mehrere Exponenten dieser oder jener Form der Bestechung entlarvt... Diese Opfer sind archaische Relikte einer vergangenen Ära und Methodik."(346)

Solche Erscheinungen sind zwar durchaus verbreitet und bezeichnend, aber selbstverständlich nicht wesentlich. Unterstellt man eine solche primitive Vorstellung, dann ist es ein leichtes, das angeblich Neue der heutigen Beziehungen zwischen Wirtschaft und Staat im Kapitalismus zu "beweisen". Aber steht es einem Galbraith an, sich die naivsten und am geringsten bedarften Geister für die Auseinandersetzung auszusuchen? Zeugt das nicht vom Bewußtsein der Schwäche der eigenen Position? Diese besteht schlicht darin, daß die staatlichen Ziele eine Identifizierung mit und die Adaption an die Ziele der Technostruktur durchmachen. Das wird mit interessanten Beispielen bewiesen, und damit kann man einverstanden sein. Nur fragt sich, auf welcher Grundlage diese Identifizierung und Adaption stattfinden. Warum "kümmert sich" der Staat um die "Stabilität der Wirtschaft", um ihre Expansion und Wachstum, um die Erziehung, den technischen und wissenschaftlichen Fortschritt usw. ?(346/7) Warum tut er das in eine ganz bestimmte Richtung?

Jeder, der mit der marxistisch-leninistischen politischen Ökonomie auch nur einigermaßen vertraut ist, weiß, daß der Zusammenschluß von Unternehmen (exakter: Monopolen) und Staat durchaus "analytisch und logisch" zu erfassen ist, wenn man vom Wesen des Kapitals auf seiner heutigen Entwicklungsstufe ausgeht.

Wir müssen uns nun mit dem Inhalt von Galbraiths zweiter Hauptthese etwas näher befassen.

Ausgangspunkt ist die berühmt-berüchtigte Theorie der Produktionsfaktoren. Zu allen Zeiten werde mit Arbeit, Boden und Kapital produziert. Die Macht gehe von einem Faktor auf den anderen über. Über die urkommunistischen Gemeinden verliert Galbraith vorsichtshalber kein Wort, das läßt sich zu schwer einordnen. Auch die Produktionsweise der Sklavenhalter wird elegant übergangen, denn es müßte ja logischerweise heißen: Der knappe Faktor war die Arbeit, folglich ging die Macht von den Sklaven aus. Im Mittelalter nun nutzten die leicht beschaffbaren Arbeitskräfte und Kapitalien nichts, wenn man kein Land besaß. Alles drängte sich zum Land. "Da Grundbesitz Zugang zu wirtschaftlicher und politischer Macht verschaffte, wurden... Schritte unternommen, um den Landbesitz auf die priviligierte Kaste des Adels zu beschränken."(72) Vom Himmel hoch, da kam der Adel her. Irgendwer "unternahm Schritte", um ihm den Grund und Boden zuzuschanzen, und schon hatte er die Macht. Hätte man doch bloß Schritte unternommen, den Bauern das Land zu geben, und schon wäre eine Produktionsweise aus der Menschheitsgeschichte herausgefallen. So macht "man" Geschichte.

Danach wuchsen die Einsatzmöglichkeiten für Kapital, es wurde relativ knapp. "So ging die Macht in der Wirtschaft auf das Kapital über."(71)

All das erinnert fatal an Dühring und andere Geistesriesen, deren Spintisierereien den Klassikern Anlaß bot, die materialistische Geschichtsauffassung auszubauen. Wir wollen uns nicht bei dieser wohl schwächsten theoretischen "Leistung" Galbraiths aufhalten und uns lieber mit dem "Übergang der Macht" an den nunmehrigen "knappen Produktionsfaktor", an die Fachkräfte und Spezialisten, die "leitende Intelligenz" der Industriebetriebe, befassen.

Zur Herrschaft des Kapitals kam es bekanntlich, als auf einer bestimmten Stufe der Entwicklung der Produktivkräfte die Trennung der unmittelbaren Produzenten von jeglichen Produktionsmitteln und ihre Konzentration in den Händen weniger Eigentümer notwendig und vollzogen wurde. Das Verhältnis der Eigentümer an Produktionsmitteln zu den in dem bekannten doppelten Sinne freien Lohnarbeitern verwandelt erst Maschinen, Rohstoffe und Geld in Kapital und ihre Besitzer in Kapitalisten. Der kapitalistische Reproduktionsprozeß stellt alle Bedingungen dieser Verhältnisse beständig wieder her und erweitert sie, darunter auch die entscheidende Bedingung: des von Produktionsmitteln freien Arbeiters. Die Macht des Kapitals geht nicht davon aus, daß Kapital knapp wäre, sondern davon, daß in dem spezifischen Produktionsverhältnis von Eigentümern an Produktionsmitteln zu besitzlosen Proletariern erstere über alle Bedingungen der gesellschaftlichen Produktion verfügen und letztere, um zu leben, ihren einzigen Besitz, ihr Arbeitsvermögen, verkaufen müssen.

Hieran hat sich in der heutigen Zeit nichts geändert. Auch Galbraith läßt sich nicht auf das in der bürgerlichen Literatur verbreitete kindische Geschwätz ein, wonach die Arbeiter zu Miteigentümern geworden wären oder dabei sind, es zu werden. Aber wo sind denn die Eigentümer der Produktionsmittel? Sie haben sich nach Galbraith in Schall und Rauch aufgelöst. "Vor siebzig Jahren war das Großunternehmen ein Instrument seiner Eigentümer und ein Spiegelbild ihrer Persönlichkeit... Die Männer an der Spitze der Großbetriebe sind heute unbekannt... Die führenden Männer dieser Großunternehmen besitzen kaum noch nennenswerte Beteiligungen am Firmenkapital."(14)

Hier mischt sich Richtiges mit Falschem. Es liegt uns natürlich fern zu behaupten, daß sich seit den Gründerjahren in der Rolle der großen Industrie- und Finanzgewaltigen, in der Struktur des Finanzkapitals nichts geändert habe. Obwohl es wohl eher ein schlechter Witz ist, daß Rockefeller, Morgan, Mellon, Ford bzw. ihre Erben keine nennenswerten Beteiligungen an den Firmenkapitalien hätten, so steht außer Zweifel, daß sie als Personen heute eine andere, wenn man will, geringere Stellung im System einnehmen, daß das Kapital in der Form von Kapitalgesellschaften eine weitgehende Anonymität erreicht hat. Aber alles das ist ja nicht neu, und es steht Galbraith nicht gut an, sich den Schein der Originalität zu geben. Unter anderen haben Baran und Sweezy in ihrem Buch "Monopoly Capital" diesen Prozeß beschrieben, und das auf einem wesentlich sicheren theoretischen Fundament.

Es geht aber gar nicht darum, ob hinter den großen Kapitalgesellschaften von heute reale Personen stehen oder nicht. Ob das Kapital sich in Einzelunternehmern, großen Finanziers oder anonymen Großkonzernen *personifiziert* bzw. *institutionalisiert*, das ist nicht die Hauptfrage. Nur bei oberflächlicher Betrachtung kann man annehmen, daß früher "das Großunternehmen ein Instrument seiner Eigentümer und ein Spiegelbild ihrer Persönlichkeit" war. Kapitalisten oder kapitalistische Organisationen sind immer nur Personifizierung oder Institutionalisierung des objektiven Kapitalverhältnisses, ihre Handlungen immer nur subjektiver Reflex objektiver Notwendigkeiten. Nicht diese oder jene, mehr oder weniger subjektiv gefärbten Interessen von Personen oder Personengruppen sind an sich entscheidend, sondern die objektiven und sich entwickelnden Erfordernisse des Kapitalverhältnisses. Wer das ausschlaggebende Aktienpaket in einem Konzern besitzt, ja selbst, *ob* ein solches beherrschendes Paket existiert, ist nur eine - freilich nicht unwichtige - Frage der Formen, in denen sich Kapital und Arbeit gegenüberstehen, der Formen des kapitalistischen Ausbeutungsprozesses. Das Grundlegende bleibt: hie kapitalistisches Eigentum an den Produktionsmitteln, hie, ebenfalls in einer sich verändernden Struktur, Besitzer von Arbeitskraft und sonst nichts.

Die Angehörigen der "Technostruktur" mögen nun persönliche Ziele aller Art haben, das Kapital hat nur eins: den Profit. Die "Technostruktur" mag das eigene Überleben über alles stellen, die Voraussetzung des Überlebens ist aber, daß das Kapital die Verwertung sichert. Das gibt Galbraith mit seinem notwendigen Gewinnminimum eigentlich auch zu. Das Überleben der "Technostruktur" hängt vom Überleben des Kapitals ab, kann letzteres sich nicht verwerten, löst sich die "Technostruktur" in Wohlgefallen auf und ihre Angehörigen können sich bei erfolgreicheren Kapitalen neue Arbeit suchen.

Das Überleben des Kapitals als Profitproduzent ist in der Tat das Ziel, es ist dies nur eine Umschreibung (und in dieser Umschreibung steckt ein realer Kern, denn es geht um die absehbare Sicherung der Verwertung) des Profitziels als solches.

Indem Galbraith das "Überleben der Technostruktur" als übergeordnetes Ziel postuliert, wird Wachstum an sich zu einem eigenständigen Ziel. Die spezifische Richtung und die spezifischen Schranken des Wachstums in den kapitalistischen Ländern werden gelegentlich beschreibend angedeutet, aber er vermag sie nicht zu erklären. Selbst in der Beschreibung bleibt Galbraith - und man muß schon sagen, konsequent - hinter anderen bürgerlichen Ökonomen zurück. Denn ausgiebige Darlegungen über die Verschwendung an produktiver Kraft der Gesellschaft, die der heutige Kapitalismus mit sich bringt, paßt nicht in seine Konstruktion hinein. Warum sollte ein so perfektioniertes System wie die "Technostruktur", wenn es Wachstumspolitik an sich betreibt, solche Schranken gerade im wichtigsten Feld, dem technischen Fortschritt, der Wissenschaft und Bildung, der Infrastruktur usw. aufbauen? Unvermögen und mangelnde Information läßt Galbraith selbst nicht gelten, persönliche pekuniäre Motive, die in falsche Richtungen drängen könnten, auch nicht. Alles ist dem System untergeordnet. Auch der Staat, der Wissenschaft und Forschung unterstützt, wie Galbraith ausführt, indem er einen riesigen Rüstungsmarkt erhält und ausbaut, und doch funktioniert es mehr als mangelhaft. Warum geht es denn nur mit Rüstung? Weil der Wissenschaft nur mit solchen Großprojekten, wie es die militärische Forschung darstellt, geholfen werden könne, sagt Galbraith. Warum denn nicht mit anderen als militärischen Großprojekten? Weil sich die Mittel dafür schwer beschaffen ließen, sagt Galbraith. Warum denn nicht? Weil man eine Psychose des kalten Krieges erzeugte, sagt Galbraith. Warum tut man das? Weil es der "Technostruktur", dem Industriesystem diente, sagt Galbraith. Es dreht sich alles im Kreise. Da nach Galbraith der Staat sich mit den Zielen der Technostruktur identifiziert, müßte man logischerweise zu dem Schluß gelangen, daß diese militärische Großprojekte allen anderen vorzieht; das wäre aber in diesem System der Zielvorstellungen nur aus einer Art perverser Bösartigkeit zu erklären.

Gerade die theoretischen Schwächen und selbst logischen Irrwege eines auf vielen Gebieten so scharfen Beobachters des heutigen amerikanischen Systems erhärten die von den Marxisten gezogene Schlußfolgerung, daß man nichts vom ökonomischen Wachstum oder von der Wachstumspolitik der Monopole und des Staates verstehen wird, wenn man Wachstum als ein eigenständiges Ziel begreift, und nicht als den Wachstumsprozeß des Kapitals, dessen treibendes Motiv und letzter Zweck der Profit ist. In dem Maße, wie Wachstum im gesamtgesellschaftlichen Maßstab rückwirkend Bedingung der Profitproduktion ist und beeinflußbar wird, wird es natürlich auch zum direkten Ziel des Handelns der Kapitalisten und des kapitalistischen Staates, aber eben - und das ist der springende Punkt - immer nur ein solches Wachstum, das auf Profit und auf die Sicherung des Profitsystems gerichtet ist. Es kommen im entwickelten Kapitalismus weitere Momente hinzu, die wesentlich durch den Klassenkampf im nationalen und internationalen Rahmen bestimmt sind, und hier spielt der Wettkampf der beiden sozialen Systeme eine hervorragende Rolle. Aber auch hier geht es in den kapitalistischen Ländern um die Existenz, um das "Überleben" des Profitsystems.

Aber für Galbraith, der dem Kapital die Macht geraubt hat, gibt es ja kein kapitalistisches Profitsystem mehr, sondern die Herrschaft des Industriesystems. Der Logik seiner Konstruktion folgend, gelangt er zur

3. Hauptthese - die Forderungen der Technologie und Organisation führen zur Konverenz[5].

"Die Formen der Wirtschaftssysteme werden nicht von ideologischen Vorstellungen, sondern von den Forderungen der Technologie und Organisation bestimmt" (19), sagt Galbraith. Wir erinnern uns, daß er die moderne Großproduktion dem Monopolbegriff gegenüberstellte. "Die Firmengröße dient im allgemeinen der Technologie und nicht in erster Linie dem Profit" (47). Die Größe der Betriebe dient nicht dem Monopol, sondern der Planung. "Die offenkundigste Voraussetzung für eine wirksame Planung ist die Größe einer Firma" (91).

Im Gegensatz zu der Mehrzahl der bürgerlichen Ökonomen leitet Galbraith seine Konvergenzkonzeption nicht aus der angeblichen "Einführung des Marktes" in den sozialistischen Ländern ab. Er begreift, daß die modernen Produktivkräfte nicht dem Wirken der freien Kräfte des Marktes ausgeliefert werden können, daß sie im Gegenteil gesamtgesellschaftliche Planung verlangen. Er begreift, daß es sich bei den Wirtschaftsreformen in den sozialistischen Ländern nicht um eine Aufgabe der Planung handeln kann, sondern bestenfalls um eine "Umdelegierung der Planungsfunktionen" oder, um es wissenschaftlich auszudrükken, um die optimale Verbindung von zentraler Planung mit der Planung der sozialistischen Warenproduzenten. Galbraith erkennt, daß die Preise im Sozialismus weitgehend der Planung unterliegen, daß die Produktion nicht spontanen Marktkräften folgt, sondern planmäßig bestimmt wird, usw. Aber das sei doch der gleiche Vorgang, wie er in den "westlichen" Ländern festzustellen ist. Und er kommt zu der Schlußfolgerung: "Die modernen Großbetriebe (gemeint sind die, im englischen Original auch so bezeichneten, Konzerne - P. H.) und der moderne sozialistische Planungsapparat sind nur zwei verschiedene Werkzeuge, die dem selben Zweck dienen."(48)

Der Zwang der modernen Technologie, so meint Galbraith, führe in jeglichem Wirtschaftssystem und bei jeglicher Ideologie zur Herausbildung bestimmter Strukturen, bestimmter (technisch bedingter) Machtverhältnisse und zu entsprechend gleichlaufenden Zielen. Auch in den sozialistischen Industrieländern käme es zur Herausbildung der Herrschaft der "Technostruktur" mit den gleichen Folgen in bezug auf das Streben nach Autonomie und alledem, was daraus folgt.

"Die Dezentralisierung bedeutet im Wirtschaftssystem sowjetischer Prägung nicht die Rückkehr zur Marktwirtschaft, sondern die Verlagerung einiger Planungsaufgaben vom Staat auf die Firma. Das spiegelt wiederum das Verlangen der Technostruktur in der sowjetischen Firma wider, mehr Instrumente für ein erfolgreiches Wirtschaften in den Griff zu bekommen. Hieraus ergibt sich ein Zuwachs an Autonomie. Weder im sowjetischen noch im westlichen Wirtschaftssystem verläuft die Entwicklung so, daß die beiden Systeme durch Rückkehr der sowjetischen zu einer freien Marktwirtschaft einander nähern. Darüber sind beide längst hinausgewachsen. Was jedoch die Planungsprinzipien betrifft, ist eine deutliche Konvergenz nicht zu verkennen."(128)

Die Gleichartigkeit der technischen Entwicklung, der Notwendigkeit der Planung, der Herausbildung der Herrschaft der Technostruktur, ihrer Ziele und Probleme und alle sich daraus ergebenden Fragen erst einmal festgestellt, braucht sich Galbraith mit den spezifischen Bedingungen von Kapitalismus einerseits und Sozialismus andererseits nicht mehr zu befassen. Etwaige Unterschiede sind auf verschiedene Glaubensbekenntnisse und Traditionen (Freiheit usw.) oder historische Entwicklungsstadien zurückzuführen. Industriesystem bleibt Industriesystem, und was er anhand der Vereinigten Staaten beschreibt, gilt im Prinzip allgemein. Die Eigentumsfrage ist offenkundig irrelevant, das Klassenproblem im herkömmlichen Sinne weitgehend erloschen.

So reizvoll es wäre, die Galbraithsche Planungskonzeption gegen die modernen "Marktwirtschaftler" in den eigenen Reihen ins Feld zu führen - und er führt manchen gezielten wie unbeabsichtigten Schlag in diese Richtung -, so wollen wir lieber davon Abstand nehmen, denn Galbraiths Position ist genauso irrig, wenn auch - was die Beschreibung der Oberfläche betrifft - ein klein wenig näher an der Wirklichkeit.

Moderne Technik hie, moderne Technik dort; Planung hie, Planung dort - kein Zweifel. Merkwürdig nur, daß uns Galbraith im Hinblick auf die gesellschaftliche "Planung" in den "westlichen" Ländern nicht mehr zu bieten hat als staatliche Aufträge auf dem Gebiet der Rüstung, staatliche Wissenschaftspolitik mittels der Rüstung, bestimmte staatliche Maßnahmen in den Bildungs- und Infrastrukturbereichen und staatliche "Einkommenspolitik". Das ist wenig, ja man muß sagen, zu wenig. Kapitalistisch-staatliche Planungsbemühungen gehen sogar ein wenig weiter, als Galbraith sie beschreibt. Und doch sind ihre Möglichkeiten und ihr Wirkungsbereich beschränkt, beschränkt eben durch die "Autonomie" des kapitalistischen Konzerns, durch seine Konkurrenzposition gegenüber jedem anderen Konzern, national und international.

Die Profitinteressen der Konzerne stehen nun einmal in einem unlösbaren Widerspruch zu den echten Erfordernissen der Gesellschaft, und letztere sind keineswegs das Objekt der staatlichen Tätigkeit. Im Gegenteil, der Staat identifiziert sich mit den Interessen der Konzerne und paßt sich ihnen an. Und das gibt Galbraith zu.

Aber es geht ja gar nicht in erster Linie um mehr oder weniger "Planung", mehr oder weniger "Markt". Es ist denkbar, daß mit der Entwicklung von Technik und Informationssystemen die staatsmonopolistische Planung sich weiter perfektioniert und größere Bereiche erfaßt; und doch wäre das keine Konvergenz, sondern eine weitere Verstärkung der diametral entgegengesetzten Wege der beiden sozialen Systeme. Denn es geht um die objektiv gegebenen und subjektiv angestrebten Ziele der beiden Systeme, das Profitziel auf der einen Seite, das Ziel des total entwickelten Menschen auf der anderen. Die Planung der Konzerne und des Staates im Kapitalismus dient dem *kapitalistischen* Gleichgewicht, dem "unternehmerischen Gleichgewicht", um einen Ausdruck Bombachs zu gebrauchen. In einer Gesellschaft kapitalistischer Warenproduktion kann die Verteilung der Arbeit letztlich nur durch den Profit bestimmt werden. Die Einheit von Produktion, Distribution, Zirkulation und Konsumtion ist unter kapitalistischen Bedingungen dann gegeben, wenn sie dem Verwertungsprozeß des Kapitals entspricht. Insofern ist Harrod der konsequenteste bürgerliche Wachstumstheoretiker, da er die kapitalistische Wirtschaft dann als im Gleichgewicht betrachtet (und auf diesem Standpunkt zu recht), wenn die Profiterwartungen der Unternehmer mit den tatsächlichen Profiten übereinstimmen. Ein "befriedigendes Wachstum" ist ein solches, das ein derartiges Gleichgewicht sichert.

Dieses Gleichgewicht sagt aber nichts darüber aus, ob die Produktivkräfte voll genutzt werden und ob sie so genutzt werden, daß die Bedürfnisse der Menschen optimal befriedigt werden, geschweige denn, daß die volle Entfaltung der physischen und geistigen Möglichkeiten der Menschen gewährleistet wäre. Ein kapitalistisches Gleichgewicht verträgt sich absolut mit Arbeitslosigkeit, überwuchernden Rüstungshaushalten und wachsender Entfremdung der Menschen, verträgt sich auch mit Krieg und Zerstörung. Und so auch die auf *dieses* Gleichgewicht gerichtete kapitalistische Planung.

Selbst bei der Beschreibung der "Technostruktur" schließt Galbraith unbewußt ihre spezifisch kapitalistischen Züge mit ein, wenn er schreibt: "Diese Gruppe (derjenigen, die mit ihren Informationen zu den Gruppenentscheidungen beitragen - P. H.) ... reicht von der Führungsspitze des Unternehmens bis hinunter zu den Meistern, Vorarbeitern und Arbeitern, *deren Aufgabe darin besteht, mehr oder weniger mechanisch die ergangenen Anweisungen auszuführen und ihre Routinearbeit zu tun.*" (88 - unsere Hervorhebung.) Das kapitalistische Industriesystem setzt mithin die Entfremdung, die moralische Degradierung der Mehrzahl der Produzenten voraus, und daß dies weitgehende Folgerungen für die Wahl der Technik, für das Bildungssystem, für das Tempo des Fortschritts usw. hat, liegt auf der Hand. Die sozialistische Planung schließ eine derartige Zielsetzung prinzipiell aus. Die entwickelte sozialistische Gesellschaft hat an die Stelle des Profits das wahrhaft humane Ziel des allseitig entwickelten Menschen gestellt, diesem Ziel ist alles andere untergeordnet.

Subjektiv möchte Galbraith, der wohl die meisten bürgerlichen antikommunistischen Vorurteile vertritt, aber auch ein Anhänger von Abrüstung und friedlichen Beziehungen ist, seine Konvergenzkonzeption zur Beseitigung eines Mißverständnisses verstanden wissen: Zwischen beiden Systemen bestehe gar kein unversöhnlicher Konflikt, der kalte Krieg beruhe auf einem Irrtum. "Es ist denkbar, daß die Erkenntnis einer konvergenten Entwicklung der Industriesysteme mit dazu beitragen wird, die gemeinsame Bedrohung durch das Wettrüsten zu erkennen, es zu beenden oder zumindest auf weniger gefährliche Bereiche zu verlagern."(432) Er möchte nachgewiesen haben, daß beide Systeme, speziell die USA und die UdSSR "nach ihnen recht ähnlichen ökonomischen Erfolgsmaßstäben gleichzeitig Erfolge erzielen" können. (371)

Galbraith wendet sich gegen die scharfmacherischen Losungen der kalten Krieger in den eigenen Reihen. Er verhöhnt allzu durchsichtige Freiheitsparolen und weist nach, daß der kalte Krieg den falschverstandenen Interessen des Industriesystems dient. Dieses Image müsse man zerstören, und dann wäre alles gut. Nur vergessen wir nicht, daß für ihn Industriesystem im Kapitalismus und im Sozialismus dasselbe sind; auch das sowjetische Industriesystem glaube, den kalten Krieg zu brauchen. Seine bürgerliche Beschränktheit, sein absolutes Unverständnis für die gesellschaftliche Zielproblematik verwandelt ihn auf politischem Gebiet aus einem bürgerlich-liberalen Romantiker in einen antikommunistischen Reaktionär. Er will es nicht sein, das zeichnet ihn aus, aber objektiv ist es nicht anders.

Hier zeigt sich die ganze Gefahr der Konvergenztheorie, gerade weil sie nicht selten von Anhängern der friedlichen Koexistenz vertreten wird und daher um so besser geeignet ist, Illusionen zu verbreiten. Erfolgsmaßstäbe und Ziele des kapitalistischen Systems einerseits und des sozialistischen andererseits sind nämlich in Wirklichkeit diametral entgegengesetzt. Das imperialistische Profitsystem bringt schon von seinen ökonomischen Grundlagen her unvermeidlich das Streben nach Rüstung (hierfür hat Galbraith selbst Beweise geliefert) und Krieg hervor. Das imperialistische System fühlt sich zu Recht von der revolutionären Arbeiterklasse, die ihre mächtige und immer stärker werdende Stütze im sozialistischen Weltsystem findet, bedroht. Es scheut keine Mittel, einschließlich des Mittel des Krieges, wie die Vietnamaggression beweist, für das vergebliche Bemühen, die sozialistischen Länder zu vernichten und der eigenen Arbeiterbewegung Schläge zu versetzen. Die politische Wirklichkeit von heute, die Galbraith von vielen Seiten her betrachtet, deren allseitige Diskussion der Raum in einem Artikel aber verbietet, läßt sich nicht von theoretischen Grundpositionen der Herrschaft der "Technostruktur" begreifen, sondern nur von der marxistisch-leninistischen Position der Herrschaft des entwickelten Profitsystems, des staatsmonopolistischen Kapitalismus, des nationalen und internationalen Klassenkampfes.

Es gibt keine Konvergenz der Systeme, und für jeden, der zu sehen gewillt ist, wird das immer offenkundiger. Warum mußte Galbraith, der - dort wo er sich auskennt - keine Scheu hat, bürgerliche Volksmärchen ad absurdum zu führen, diesem Modetrend der bürgerlichen Ideologie folgen? Um seine zutiefst pessimistische, die Ausweglosigkeit des bürgerlichen Liberalen verratende

4. Hauptthese - das Industriesystem raubt uns die Freiheit, aber es gibt keine Alternative

zu begründen.

Er beklagt: "Die Gängelung, der wir unterworfen sind, wird nicht als Bürde empfunden" (357). Er wendet sich dagegen, daß die Ziele des Industriesystems identisch seien mit den Zielen "unseres" Lebens. "Was damit im Einklang steht, werden wir besitzen oder tun dürfen; alles andere wird uns verboten sein... Wir werden vor den Wagen des Industriesystems gespannt werden. Der Staat wird diese Grundsätze mit seiner moralischen, vielleicht auch seiner gesetzgeberischen Macht durchsetzen... Freiheit wird es jedenfalls nicht sein" (439). Er ist nicht sparsam in seiner Kritik an den gesellschaftlichen Zuständen in den USA. Ausführlich verweilt er bei dem Thema, daß das Industriesystem ästhetische Zielsetzungen ausschließe und nur das "Rationale" gelten lassen würde. Die Mängel des öffentlichen Verkehrs- und Kommunikationswesens, des städtischen Wohnungswesens, der sinnvollen Nutzung der Freizeit, das Leben der aus dem Industriesystem Ausscheidenden, des Bildungswesens werden kritisch analysiert. Über die Manipulierung der Menschen drückt er seine Verachtung aus. Er fordert, daß einiges unternommen werden muß, "wenn wir eine sicherere und haltbarere, aber auch bessere und in intellektueller wie ästhetischer Hinsicht fortschrittlichere Gesellschaftsordnung haben wollen". (419) Und er ruft insbesondere die Intellektuellen, die Erzieher und Wissenschaftler auf, sich der notwendigen Reformen anzunehmen. Denn: "Die Situation ist paradox. Die Wirtschaft braucht für ihren Erfolg die organisierte Volksverdummung. Andererseits zieht sie eine wachsende Schicht von Leuten groß, die über solchen Holzhammermethoden stehen und sie als geistig korrupt verurteilen." (330)

Der letzte Satz des Buches lautet: "Wir haben gesehen, worin die Rettung liegen kann. Im Gegensatz zu seinen Vorläufern in der Wirtschaft stellt das Industriesystem intellektuelle Ansprüche. Es schafft sich für die eigenen intellektuellen und wissenschaftlichen Bedürfnisse die Gruppe von Menschen, die - hoffentlich - das Monopol des Industriesystems auf soziale Zielsetzungen zurückweisen wird." (440)

Das ist nun die direkte Antithese zur marxistischen Auffassung, daß der Kapitalismus sich mit dem Proletariat seinen eigenen Totengräber heranzieht. Es ist der Aufruf an die Intellektuellen, das "Industriesystem", d.h. das gegenwärtige kapitalistische System, als unvermeidlich hinzunehmen, aber einige seiner unschönen Seiten zu korrigieren. Und Galbraith läßt wissen, das klingt immer wieder durch, daß er wenig Hoffnung hat, daß sein Ruf gehört wird. Denn sie seien ja alle in das System integriert, mit Händen und Füßen an die "Technostruktur" gebunden, mehr oder weniger willenlose Objekte einer geistig anspruchslosen Konsumgesellschaft. Aber sie seien dennoch die letzte verbliebene Hoffnung, weil das "Industriesystem" von ihnen abhängt. Andere Kräfte gäbe es nicht mehr. Auf eine Revolution der Arbeiterklasse zu setzen, zeuge von hoffnungslos veralteten Vorstellungen. Statt zu verelenden, habe die Arbeiterklasse "beträchtlichen Wohlstand" erreicht, die Gefahr tiefgreifender Krisen scheine fernzuliegen, die Gewerkschaften seien aufgeweicht und durch das Industriesystem absorbiert, und wo die Revolution stattgefunden hat, bestünden ja die gleichen Probleme wie im Westen. "Alles, worauf sich die Revolution zu stützen schien, ja die Revolution selbst, hat sich in nichts aufgelöst". (326)

Beabsichtigt oder nicht, das ist die eigentliche Schlußfolgerung, zu der Galbraith den Leser hinführt. Und hier hat sich der Marxismus zu bewähren.

Es ist unbestreitbar, daß sich die Bedingungen des Kampfes der Arbeiterklasse in den entwickelten kapitalistischen Ländern für die Überwindung des Kapitalismus und die Errichtung der Diktatur des Proletariats gegenüber der Zeit von Marx, ja selbst gegenüber der Zeit vor dem zweiten Weltkrieg, erheblich gewandelt haben. Ebenso unbestreitbar ist es, daß die Ursachen und der Inhalt dieser Veränderungen, die neuen strategischen und taktischen Aufgaben der Arbeiterklasse in den gegebenen gesellschaftlichen Bedingungen, die wesentlich von den ökonomischen Verhältnissen bestimmt werden, zu suchen sind. Die Frage lautet, ob der Kapitalismus als System den gesellschaftlichen Fortschritt gewährleisten kann. Bejaht man diese Frage, dann kommt man - wie Galbraith - bestenfalls zu einer m o r a l i s c h e n Verurteilung dieser oder jener Seite des Systems, beschränkt man sich bestenfalls auf den Kampf um die Verbesserung der gegenwärtigen Zustände. Auf dieser falschen Position ist nicht erst Galbraith zu Theorien über die Aussichtslosigkeit der Revolution in den entwickelten kapitalistischen Ländern und über die Unfähigkeit und den mangelnden Willen der Arbeiterklasse dieser Länder zur revolutionären Aktion gelangt. Nicht zuletzt sind es oftmals gerade diejenigen, die die Kommunisten "links" überholen möchten, die die gleichen Anschauungen vertreten.

Marx hat die historische Daseinsberechtigung eines gesellschaftlichen Systems, speziell des kapitalistischen, prinzipiell nur von einem Standpunkt beurteilt: Ist es instrumental bei der Durchsetzung des historischen Prozesses der Schaffung von geistigen und materiellen Mitteln zur Vermehrung der disponiblen Zeit für die Gesellschaft, um so Zeit freizumachen für die Entwicklung der Menschen selbst? In einer bestimmten Epoche war der Kapitalismus ein solches System, es trieb diesen Prozeß - freilich in widerspruchsvollen Formen - voran, und darin bestand seine historische vorübergehende Daseinsberechtigung. Keiner war unerbittlicher als Marx bei der Verurteilung der moralischen Auswüchse des Kapitalismus, aber keiner hat unerbittlicher jede nur moralisierende Kritik des Kapitalismus verurteilt.

Allein dieses Marx'sche Herangehen versetzt uns in die Lage, bei der Beurteilung des heutigen Kapitalismus zu richtigen Schlußfolgerungen für den Kampf der Arbeiterklasse zu gelangen.

Der heutige Kapitalismus ist staatsmonopolistischer Kapitalismus. Der Stand und die rasche Entwicklung der Produktivkräfte, die wissenschaftlich-technische Revolution, die ungeheuren Maßstäbe der Produktion stellen Aufgaben, deren Beherrschung die zusammengefaßte Kraft der gesamten Gesellschaft verlangt, die langfristig und im Rahmen der ganzen Gesellschaft angepackt und gelöst werden müssen und von deren Lösung immer mehr Sein oder Nichtsein der Gesellschaft abhängen. Natürlich ist es ein Widerspruch, gesamtgesellschaftliche Lösungen auf der Grundlage des kapitalistischen, d.h. seinem Begriff gemäß *nicht* gesellschaftlich orientierten Eigentums anzustreben. Das Kapital reagiert nach wie vor nur auf Profit. Der Staat entfaltet seine Tätigkeit keineswegs neutral, keineswegs in Übereinstimmung mit den wahren Bedürfnissen der Gesellschaft, sondern im Interesse des Monopolkapitals. Dabei kann selbstverständlich die staatliche Politik nicht ausschließlich und primitiv begriffen werden als eine Summe von Maßnahmen zur quantitativen Erhöhung der Monopolprofite. Gegenüber der marxistischen Theorie rennt Galbraith hier offene Türen ein. Es ist die Funktion des Staates im heutigen Kapitalismus, im gesamtgesellschaftlichen Maßstab die Erfordernisse der Produktivkräfte und des gesellschaftlichen Arbeitsprozesses mit den Erfordernissen der Profitproduktion in Übereinstimmung zu bringen, langfristig-strategische Ziele für das System zu setzen, die sich sowohl aus den inneren ökonomischen Bedürfnissen der hochgradig vergesellschafteten kapitalistischen Produktion ergeben als auch die politischen Bestrebungen der imperialistischen Staaten gegenüber der übrigen, insbesondere der sozialistischen Welt zum Ausdruck bringen. Die ökonomische Rolle des Staates ist daher untrennbar mit der politischen Konzeption der im Staat organisierten herrschenden Kräfte verbunden. Der Widerspruch des heutigen Kapitalismus besteht darin, daß die Produktivkräfte - längst entwickelt genug, um den eigentlichen, menschlichen Zweck der Produktion zu verwirklichen, nämlich die Entwicklung des Menschen selbst mit all seinen körperlichen und geistigen Fähigkeiten, des Menschen als Selbstzweck also, die Überwindung seiner Entfremdung, die Entwicklung seines Gattungsvermögens als schöpferisch arbeitendes Naturwesen - nach wie vor in die Schranken eines Profitsystems gebannt sind. Weder das "Industriesystem" noch der kapitalistische Staat gehen von Erwägungen über die allgemeine ökonomische Rationalität aus, sondern von solchen über die Rationalität *dieses Systems* auf seinen widerspruchsvollen Grundlagen und mit seinen politischen Bestrebungen. Das ist die Ursache aller der kritikwürdigen Erscheinungen, die Galbraith anführt, und mancher mehr, nicht zuletzt der Tendenz zu Reaktion und Krieg. Die Bestrebungen der "Technostruktur" und des sich mit ihr "identifizierenden" kapitalistischen Staates können bestenfalls rationell sein im Hinblick auf das *beschränkte* Ziel *dieser* Gesellschaft, niemals auf das *schrankenlose* Ziel der *allseitigen Entwicklung des Menschen*. Daher muß dieses System überwunden werden, die Revolution ist unausbleiblich. Wer wird sie durchführen?

Die einzige Klasse, die nach wie vor ein uneingeschränktes Interesse an der Überwindung des kapitalistischen Systems hat, ist die Arbeiterklasse. Freilich haben sich die Bedingungen für diesen Kampf verändert. Es geht heute nicht mehr in erster Linie um das tägliche Brot, es geht nicht mehr nur um den Lohn, auch wenn Galbraith ganz offensichtlich den "Wohlstand" der Arbeiter in den kapitalistischen Ländern maßlos übertreibt, auch wenn er vergißt, daß das kapitalistische System mehr umfaßt, als das runde Dutzend entwickelter kapitalistischer Länder. Die Interessen der Arbeiterklasse werden über ihre unmittelbaren Lebensbedingungen hinaus aber immer stärker von den wachsenden ungelösten und im Kapitalismus unlösbaren Gesellschaftsproblemen berührt. die von der Verseuchung von Luft und Gewässern über unzureichende Bildung, wachsende Entfremdung, Rechtlosigkeit in allen Fragen des gesellschaftlichen Lebens bis zum kalten und heißen Krieg zur Bedrohung der physischen Existenz selbst reichen. Theoretische Erwägungen allein haben niemals revolutionäre Aktionen ausgelöst. Erst wenn die Interessen der Menschen berührt wurden, fiel die wissenschaftliche Theorie auf fruchtbaren Boden, konnte sie die Massen ergreifen. Das ist auch heute so, und darin liegt die Gewißheit wissenschaftlich begründet, daß die Arbeiterklasse die ihr historisch übertragene Aufgabe erfüllen wird. Wer die Arbeiterbewegung der Gegenwart verfolgt, wer gewillt und in der Lage ist, in die Tiefe der gesellschaftlichen Bewegungen einzudringen, wird das in der Praxis bestätigt finden. Pseudorevolutionäre Ungeduld, die so viele linksorientierte Intellektuelle kennzeichnet, stellt auch hier eine große Gefahr dar. Sie führt gerade dazu, daß man sich von der einzigen Kraft abwendet, die die revolutionäre Umgestaltung der Gesellschaft herbeiführen wird. Von einem bürgerlichen Ideologen, der gar nicht revolutionär, gar nicht "links" sein will, aber eine "bessere Welt" nach seinen romantischen Maßstäben anstrebt, kann man erst recht nichts anderes erwarten. Ja, er verdient sogar Nachsicht, aber man muß verhindern, daß er Verwirrung stiftet.

Es ist nun völlig richtig, daß die Intellektuellen in den revolutionären Prozessen von heute eine viel größere Rolle spielen und daß diese Rolle vom Marxismus noch ungenügend analysiert wurde.[6] Dies trifft insbesondere auf die mit der modernen Großproduktion verbundene Intelligenz zu. Der Marxismus-Leninismus leitet die Rolle der Arbeiterklasse von ihrer (im weiten Sinne verstandenen) materiellen Lage als von den Produktionsmitteln getrennte Produzenten ab, die mit der modernen Produktion untrennbar liiert sind und mit ihr wachsen, die von ihrer Arbeit und ihrem Produkt angesichts und infolge des kapitalistischen Eigentums an den Produktionsmitteln entfremdet sind, für die es ein Zurück in eine kleinbürgerliche Idylle nicht gibt, für die der einzige Ausweg die Übernahme der Produktionsmittel und ihr Einsatz für die eigenen Interessen und damit für die Interessen der (mit wenigen Ausnahmen) gesamten Gesellschaft ist. Breite Teile der wissenschaftlichen Intelligenz, deren Rolle mit der wissenschaftlich-technischen Revolution unaufhaltsam wächst, sind in die gleiche Lage geraten. Im Bündnis mit der Arbeiterklasse werden sie eine große Rolle in der revolutionären Umgestaltung der Gesellschaft, im Klassenkampf gegen das staatsmonopolistische System spielen. Getrennt von der Arbeiterklasse werden sie nichts vermögen. Ihre Ohnmacht als isolierte Schicht spürt auch Galbraith, daher sein pessimistischer Unterton, da er die wahren Perspektiven nicht sieht.

Wir haben die wichtigsten Thesen Galbraiths aus seinem neuen Buch Revue passieren lassen. Im einzelnen enthält die Arbeit natürlich viel mehr. Dem mit einer richtigen theoretischen Konzeption ausgestatteten Leser vermag sie viele Einsichten in zahlreiche Aspekte und in das Funktionieren des heutigen kapitalistischen Systems zu vermitteln. Es ist immer wieder frappierend festzustellen, wie der scharfe Beobachter Galbraith mit dem bürgerlich beschränkten Theoretiker Galbraith in Konflikt gerät, sich in eigene Widersprüche verstrickt, hier und da der Logik der eigenen Gedanken nicht zu folgen wagt. Angesichts der unzweifelhaften Gelehrsamkeit Galbraiths hätte dieses Buch, wenn sein Verfasser über eine wissenschaftliche Konzeption von der heutigen ökonomischen und gesellschaftlichen Entwicklung verfügen würde, ein hervorragender Beitrag zum Verständnis des heutigen Kapitalismus sein können. So liefert es nur Rohmaterial für die weitere Arbeit.

Anmerkungen

1 Vgl. u.a. im "Anti-Dühring", wo Engels von der "planmäßigen Teilung der Arbeit" in der einzelnen Fabrik spricht, von der "planmäßigen Organisation", vom "Gegensatz zwischen der Organisation der Produktion in der einzelnen Fabrik und der Anarchie der Produktion in der ganzen Gesellschaft". In: MEW, Bd. 20, Berlin 1962, S. 251 ff.

2 Vgl. Wirtschaftswissenschaft, Heft 2/1967, S. 306 ff.

3 K. Marx, Das Kapital, Erster Band, in: MEW, Bd. 23, Berlin 1962, S. 443

4 Jean-Jacques Servan-Schreiber, Die amerikanische Herausforderung, Hamburg 1968, S. 152

5 Es sei an dieser Stelle vermerkt, daß die deutsche Übersetzung von Galbraiths Buch zahlreiche Schwächen aufweist und manche durchaus klare Aussagen verdunkelt. Wir kommen bei dieser Gelegenheit darauf, weil Galbraith von einer umfassenden Konvergenz zwischen den Industriesystemen spricht (S. 6 f. der engl. Originalausgabe), während es in der deutschen Ausgabe heißt, "daß es zwischen den Industriesystemen auf breiter Front Berührungspunkte geben muß." (19)

6 Vgl. hierzu den sehr interessanten Beitrag des Generalsekretärs der Kommunistischen Partei Spaniens, Santiago Carrillo, "Proletariat, Jugend, Intelligenz", in: Neue Zeit (Moskau), Nr. 35/1968, S. 8 ff.

HORST HEININGER

Veränderungen in den Beziehungen zwischen individueller Konsumtion und Marktentwicklung im modernen Kapitalismus

In den industriell hochentwickelten kapitalistischen Ländern - vor allem in den USA - hat der Massenkonsum industrieller Verbrauchsgüter nach dem zweiten Weltkrieg bedeutend zugenommen. Bekanntlich bildete dieser Umstand in den letzten Jahren den Anlaß für die Veröffentlichung einer Flut von Schriften bürgerlicher Ökonomen und Soziologen, in denen die spätkapitalistische Gesellschaft als "Konsumgesellschaft", "Gesellschaft im Überfluß" oder mit ähnlichen Attributen gekennzeichnet wird. Um sich mit den gesellschaftspolitischen Zusammenhängen und Wirkungen dieser Prozesse und deren Widerspiegelung in den theoretischen Arbeiten der bürgerlichen Ideologen wirksam auseinanderzusetzen, bedarf es einer ökonomischen Analyse der tatsächlichen Veränderungen in der Rolle der individuellen Konsumtion für die Marktentwicklung im modernen Kapitalismus.

Die Dynamik des Marktes ergibt sich bekanntlich in erster Linie aus der Entwicklung der Produktion selbst. Die Entwicklung der Produktivkräfte, die Vertiefung der gesellschaftlichen Arbeitsteilung geht einher mit der fortschreitenden Akkumulation des Kapitals, mit der Ausdehnung der Produktion von Produktions- und Konsumtionsmitteln. Dabei wächst die Produktion von Konsumtionsmitteln im Gefolge der Produktion von Produktionsmitteln, oder die Ausdehnung des Marktes vollzieht sich in erster Linie auf Rechnung der Produktionsmittel.

Dieser Grundzusammenhang bedeutet jedoch nicht, daß die individuelle Konsumtion gewissermaßen nur als ein Anhängsel der produktiven Konsumtion aufgefaßt werden kann. Eine solche Auffassung läßt die eigenständige Bedeutung der individuellen Konsumtion für die Produktions- und Marktentwicklung außer acht und versperrt den theoretischen Zugang zur Erklärung der gegenwärtigen Prozesse auf dem kapitalistischen Markt. Dies zeigt sich schon daran, daß die Produktion von Produktionsmitteln letztlich zum überwiegenden Teil für die Produktion von Konsumtionsmitteln eingesetzt wird und damit von der Realisierung der Konsumtionsmittel abhängt. Dabei handelt es sich natürlich nicht um einen schematischen Vorgang, da sich Produktion und Realisierung in der Gesamtwirtschaft im ununterbrochenen Fluß vollziehen und dieser Zusammenhang nur in Zeiten der Krise deutlich hervortritt. Dennoch gilt als allgemeine Feststellung, daß produktive Konsumtion und individuelle Konsumtion in einem bestimmten Verhältnis zueinander stehen und wachsen müssen.[1] Neben diesem allgemeinen Zusammenhang, der sich aus den Realisierungsbedingungen zwischen den beiden Abteilungen der gesellschaftlichen Reproduktion ergibt, besitzt jedoch die Produktion von Konsumtionsmitteln eine eigenständige Bedeutung für die Produktions- und Marktentwicklung. Wie Marx bei den Bedingungen für die Produktion von relativem Mehrwert ausführt, erfordert die auf die Vermehrung und Entwicklung der Produktivkräfte gerichtete Produktion von Surpluswert auch die Produktion neuer Konsumtion.

> "Erstens quantitative Erweiterung der bestehenden Konsumtion; zweitens: Schaffen neuer Bedürfnisse dadurch, daß vorhandne in einem größren Kreis propagiert werden; drittens: Produktion neuer Bedürfnisse und Entdeckung und Schöpfung neuer Gebrauchswerte."[2]

Diese Bedingung, die Erweiterung des konsumtiven Zirkels innerhalb der Zirkulation ist nur ein anderer Ausdruck für die Entwicklung des Kapitalismus in die Tiefe. Sie bezieht sich nicht nur auf die individuelle Konsumtion, aber auch auf die individuelle Konsumtion. Die Schöpfung neuer Gebrauchswerte für die individuelle Konsumtion wird in wachsendem Maße zu einem Stachel der kapitalistischen Marktausdehnung. Es ist darum richtig, diesen Umstand als ein eigenständiges Kennzeichen der individuellen Konsumtion innerhalb der gesamten Marktentwicklung anzuführen. Neben diesen objektiven Erfordernissen wirkt jedoch gerade bei der individuellen Konsumtion eine Vielzahl von subjektiven Faktoren. Bezogen auf die Arbeiterklasse ist ja der Umfang der individuellen Konsumtion wesentlich bestimmt durch den erfolgreichen Kampf der Arbeiterklasse. Mit der Entwicklung der Produktivkräfte und dem wachsenden Reichtum der Gesellschaft wächst der Umkreis der Bedürfnisse der Arbeiterklasse und nimmt der Kampf um die Realisierung dieser Bedürfnisse zu. Lenin wies auf diesen Umstand bereits zum Ende des vorigen Jahrhunderts hin, als er davon sprach, daß die Entwicklung des Kapitalismus unvermeidlich eine Zunahme der Bedürfnisse der gesamten Bevölkerung und des Arbeiterproletariats zur Folge hat und daß dieses Gesetz vom Anwachsen der Bedürfnisse mit dem Kampf der Arbeiterklasse auch zu einer Veränderung der Quantität und Qualität der individuellen Konsumtion führt.[3]

Diese Grundzusammenhänge der Marktstruktur haben zweifellos eine große Bedeutung für das Wirtschaftswachstum. Es leuchtet z.B. ein, daß mit der Beschleunigung der Entwicklung der Produktivkräfte und dem damit verbundenen Streben nach Erhöhung des relativen Mehrwerts nicht nur eine bloße Evolution in der Entwicklung der produktiven und individuellen Konsumtion und vor allem in der Rolle und in dem Gewicht der individuellen Konsumtion in der Gesamtnachfrage vor sich gehen kann, sondern daß sich langfristig hierbei Veränderungen ergeben. Mit der Beschleunigung der Produktionsentwicklung, die das Wachstum der Bevölkerung bedeutend übertrifft, müssen sich zwangsläufig Veränderungen ergeben, da die traditionelle Zusammensetzung der individuellen Konsumtion des 19. Jahrhunderts (Nahrungsmittel und Bekleidung einschl. eines Minimums an Hausrat und Einrichtungsgegenständen) allein nicht Basis des erweiterten konsumtiven Zirkels der Zirkulation sein kann. Die Bedingungen der Mehrwertproduktion und die Zusammenhänge des gesellschaftlichen Reproduktionsprozesses (letztlich der Zusammenhang zwischen produktiver und individueller Konsumtion) erfordern langfristig gesehen eine gebrauchswertmäßige Veränderung in der Zusammensetzung der individuellen Konsumtion in Richtung industrieller Gebrauchsgüter. Selbstverständlich ist dies kein automatischer Prozeß, sondern er wird in seiner Intensität entscheidend von den Erfolgen des ökonomischen Kampfes der Arbeiterklasse beeinflußt - aber er gründet sich zugleich auf objektive Zusammenhänge der kapitalistischen Produktion. In diesem Sinne kann man daher auch nicht von einem bloßen Automatismus der Ausdehnung der individuellen Konsumtion im Gefolge der produktiven Konsumtion sprechen. Gewisse Aufschlüsse über diese veränderte Rolle der individuellen Konsumtion erhalten wir bei einer Betrachtung der Entwicklung in den USA seit dem letzten Drittel des vorigen Jahrhunderts.

In Tabelle 1 werden die Anteile der produktiven und individuellen Konsumtion an der Produktion von Enderzeugnissen der amerikanischen Wirtschaft in der Zeit von 1879 - 1929 ausgewiesen. In Ermanglung von einheitlichen statistischen Reihen über die Verwendung des Bruttosozialprodukts wurden diese Angaben herangezogen, um einige Anhaltspunkte über die Entwicklung der individuellen Konsumtion zu gewinnen.

Aus den Daten ergibt sich zweierlei: erstens ein gewisser Rückgang des Anteils der gesamten Konsumgüter und gleichzeitig eine Verdopplung des Anteils der dauerhaften Konsumgüter.[4] Diese Veränderungen vollziehen sich bis zum ersten Weltkrieg allmählich (am auffälligsten ist in dieser Periode die Zunahme der produktiven Konsumtion), um danach in den 20er Jahren dieses Jahrhunderts einen qualitativen Sprung zu machen: der Anteil der dauerhaften Konsumgüter übersteigt erstmalig den der Produktionsausrüstungen. Natürlich sind diese Angaben unvollkommen, da sie einmal einen ungenügenden Aufschluß über die Verteilung der Gesamtnachfrage enthalten und zum anderen deshalb, weil die verwendeten statistischen Gruppen die Entwicklung sehr undifferenziert wiedergeben. Sie belegen aber andererseits überzeugend die oftmals erwähnte Tatsache, daß in den USA mit den 20er Jahren eine neue Etappe in der Rolle der industriellen Verbrauchsgüter einsetzte.

Tabelle 1
Anteil der produktiven und individuellen Konsumtion an den Enderzeugnissen in den USA 1879-1929[1] (in %)

	Konsumgüter		Arbeitsmittel
	nicht dauerhafte	dauerhafte	(Producer Durables)
1879	82,4	8,3	9,3
1889	79,9	9,1	11,0
1894 - 1903	79,3	8,7	12,0
1904 - 1907	76,6	9,4	14,0
1908 - 1913	77,2	10,2	12,6
1921 - 1929	69,8	16,1	14,1

1 Erzeugerpreise, lfd.
für 1879 - 1913 nach Shaw
für 1921 - 1929 nach S. Kuznets

Quelle: Historical Statistics of the USA. 1879-1945, Washington 1949, S. 181-185

Dieser Entwicklungstrend wird noch deutlicher, wenn wir für die folgende Zeit die Angaben für die Verwendung des Bruttosozialprodukts einbeziehen, wie das in Tabelle 2 geschehen ist. Zunächst scheint dieser Überblick über die Zeit von 1929 bis 1966 nur das Bild einer allmählichen Fortsetzung der vorstehend geschilderten Entwicklung zu vermitteln - bis auf die Tatsache, daß die Rolle des Staates in dieser Periode eine bedeutende Verstärkung erfährt: der Anteil des gesamten privaten Verbrauchs nimmt weiter ab (wobei der der dauerhaften Konsumgüter weiter ansteigt), der Anteil der privaten Bruttoinlandsinvestitionen bleibt konstant bzw. geht leicht zurück, während sich der Anteil des Staates etwa verdoppelt. Abweichungen hinsichtlich der Preisbasis zeigen sich besonders stark beim Anteil des privaten Verbrauchs. Hierzu sind einige Erläuterungen notwendig.

Das Wachstum des Bruttosozialprodukts war in dem betrachteten Zeitraum in den USA beträchtlich, es war jedoch mit einem starken Preisauftrieb verbunden: in laufenden Preisen betrug die Zunahme mehr als 600 %, in konstanten Preisen nur mehr als 200 %. Dabei verlief die Preissteigerung in den einzelnen Bereichen unterschiedlich. Wie die Tabelle erkennen läßt, war sie in der produktiven Konsumtion höher als im Bereich der individuellen Konsumtion. Die Angaben in laufenden Preisen geben daher die objektiven Entwicklungstrends nur verzerrt wieder. Es ist deshalb nicht richtig, ohne die Berücksichtigung der unterschiedlichen Preisentwicklung Schlußfolgerungen über den Anteil des privaten Verbrauchs abzuleiten, wie dies häufig in der Fachliteratur geschieht.[5] In konstanten Preisen zeigt sich nur ein relativ geringfügiger Rückgang, wobei noch zu beachten ist, daß der private Verbrauch pro Kopf weiter rasch angestiegen ist. Wenn wir zunächst bei der Rolle des privaten Verbrauchs bleiben, ist eine andere Veränderung jedoch noch wesentlicher: der Anteil der dauerhaften industriellen Verbrauchsgüter hat sich weiter erhöht und übertrifft in der Zeitspanne von 1961-1966 erstmalig den Umfang der gesamten privaten Bau- und Ausrüstungsinvestitionen. Man muß sich dabei vor Augen halten, daß diese Periode durch eine starke Investitionstätigkeit in der amerikanischen Wirtschaft gekennzeichnet war, wodurch die Zunahme des Anteils der langlebigen industriellen Verbrauchsgüter noch an Bedeutung gewinnt.

Es ist hier nicht der Platz, auf die diesen Prozessen zugrunde liegenden Zusammenhänge im einzelnen einzugehen. Es sei nur zur Verdeutlichung dieser raschen Steigerung der Zunahme des Anteils der industriellen Verbrauchsgüter darauf hingewiesen, daß sich

Tabelle 2

Verwendung des Bruttosozialprodukts in den USA nach den wichtigsten Bereichen (Anteile in %) 1929 - 1966

Sektor	1929		1937		1940		1948-1953		1954-1957		1958-1960		1961-1966	
	A	B	A	B	A	B	A	B	A	B	A	B	A	B
BSP	100.0	100.0	100.0	100.0	100.0	100.0	100.0	100.0	100.0	100.0	100.0	100.0	100.0	100.0
Pers. Verbrauch	74.9	68.4	74.4	69.8	71.7	68.0	65.0	62.9	64.3	63.1	64.6	64.8	63.4	64.3
darunter:														
Dauerh. Konsumgüter	8.9	7.7	7.8	7.0	7.9	7.0	9.2	8.5	9.4	9.2	8.9	9.0	9.2	10.0
Nicht dauerh. Kons. G.	36.6	34.0	39.0	36.9	37.4	36.9	34.2	31.7	31.2	30.5	30.5	31.0	28.5	29.5
Dienstleistungen	29.4	26.7	27.6	25.8	26.5	24.2	21.6	22.7	23.7	23.4	25.2	24.8	25.7	24.8
Bruttoinlandsinvestitionen (private)	15.7	20.2	12.6	15.1	12.9	14.7	16.3	16.8	15.8	15.9	14.7	14.7	15.0	15.2
Bau	4.8	..	2.6	..	2.2	..	3.4	3.6	3.9	3.9	3.6	3.6	3.5	3.4
Ausrüstungen	5.4	6.5	5.7	6.1	6.1	5.7	6.3	6.8	6.1	6.3	5.8	5.8	6.3	6.6
Wohnungsbau	3.9	..	1.6	..	2.4	..	5.4	5.3	5.2	5.1	4.8	4.8	4.1	4.0
Staatskäufe	8.2	11.2	12.9	15.7	13.8	16.6	17.6	19.1	19.3	20.0	20.3	20.1	20.6	19.5
Rüstung	..	..	..	..	..	..	9.1	..	10.1	..	9.5	..	8.3	..

A = laufende Preise
B = Preise 1958; für 1929, 1937 und 1940 Preise 1960

Quellen: Statistical Abstract of the United States 1966; Federal Reserve Bulletin, Survey of Current Business, lfd.

mit der Entwicklung der Hauptzweige Automobilindustrie, Erzeugung von Haushaltsgeräten und Rundfunk- und Fernsehgeräten wesentliche Veränderungen in den Beziehungen des Reproduktionsprozesses ergeben haben. Die Materialien zur Herstellung dieser Verbrauchsgüter stammen im Unterschied zu den traditionellen Verbrauchsgütern zu 75 - 80 % aus der Metallverarbeitung und dem Maschinenbau.[6] Eindrucksvoll ist schließlich auch die Tatsache, daß die privaten Haushalte in den USA eine größere Steigerung des Verbrauchs an Elektroenergie aufweisen als Industrie und Handel. In der Aufteilung nach Endabnehmern zeigt sich für die Jahre 1940, 1960 und 1965 ein Verbrauch der privaten Haushalte von 23, 196 und 281 Mrd. kWh gegenüber einem Verbrauch der Industrie und des Handels von 82, 460 und 635 Mrd. kWh.[7] Alle diese Angaben verdeutlichen die zunehmende Bedeutung der Strukturveränderungen in der individuellen Konsumtion für das gesamte Wirtschaftswachstum. Ist dieser Entwicklungstrend in den USA besonders ausgeprägt zu beobachten, so zeichnet er sich auch in anderen hochentwickelten kapitalistischen Ländern ab.

Auch in Großbritannien zeigt sich ein Rückgang des Anteils des privaten Verbrauchs am Bruttosozialprodukt, während der Anteil der langlebigen industriellen Verbrauchsgüter bedeutend steigt. In der Zeit von 1948 bis 1965 hat er sich - gemessen am gesamten privaten Verbrauch - mehr als verdoppelt.[8]

Für Deutschland bzw. Westdeutschland ist die statistische Erfassung dieser Veränderungen in der Gesamtnachfrage ungleich schwieriger, da nicht einmal eine Aufteilung wie in der amerikanischen Statistik nach "durables" und "non-durables" vorhanden ist. Die rückläufige Bewegung des Anteils des privaten Verbrauchs, bei gleichzeitiger Zunahme der Investitionen und des öffentlichen Verbrauchs läßt sich annähernd aus den Berechnungen von W. G. Hoffmann über die Verwendung des Nettosozialprodukts seit 1850 ablesen, die von uns für die Jahre 1960-1966 ergänzt wurden (vgl. Tabelle 3). Weist diese Entwicklung auch einen ähnlichen Trend wie in den USA auf, so ist zugleich eindeutig zu erkennen, daß in der Höhe der Anteile der einzelnen Nachfragekomponenten Unterschiede bestehen. Sie bestehen vor allem darin, daß in den USA der private Verbrauch im Verhältnis zu Deutschland bzw. Westdeutschland ein größeres und die privaten Investitionen ein geringeres Gewicht in der Verwendung des Bruttosozialprodukts aufweisen. Zu konstanten Preisen ergibt der Vergleich für die Zeit nach dem zweiten Weltkrieg im Durchschnitt folgende Daten (in %):

	Privater Verbrauch	Bruttoinvestitionen
USA	ca. 63 - 65	ca. 15 - 17
Westdeutschland	ca. 59 - 61	ca. 22 - 25

Die strukturellen Veränderungen innerhalb der individuellen Konsumtion sowie deren Wirkungen auf die produktive Konsumtion bzw. die Gesamtnachfrage traten daher in Westdeutschland später und mit einer geringeren Intensität zutage als in den USA. Nicht bereits in den 20er Jahren wie in den USA, sondern erst mit den 50er Jahren erlangten die langlebigen industriellen Verbrauchsgüter eine zunehmende Bedeutung (PKW, Radio und Fernsehen usw.). Nach Berechnungen von W. G. Hoffmann über den Anteil der einzelnen Verbrauchsarten am gesamten privaten Verbrauch vollzieht sich in Deutschland bzw. Westdeutschland seit 1900 bis zum zweiten Weltkrieg nur sehr allmählich eine strukturelle Verschiebung zugunsten langlebiger Verbrauchsgüter; ein deutlicher Einschnitt ist erst Mitte der 50er Jahre zu beobachten.[9]

Für Westdeutschland ist diese Entwicklung leider bis in die letzten Jahre nicht genau zu erfassen, da die westdeutsche Statistik nur sehr unvollkommene Daten ausweist. Einen genaueren Anhaltspunkt vermitteln Berechnungen von Ch. Otto-Arnold vom Deutschen Institut für Wirtschaftsforschung in Westberlin.[10] Hier wurde der Versuch unternommen, in einer statistischen Gruppe jene industriellen Verbrauchsgüter zu erfassen, die etwa

Tabelle 3
Die Verwendung des Nettosozialprodukts (NSP) in Deutschland bzw. Westdeutschland zu Marktpreisen 1850 - 1966

Periode	Privater Verbrauch		Nettoinvestitionen		öffentlicher Verbrauch		Saldo der Leistungsbilanz		NSP zu Marktpreisen (Mill. Mark)	
	I	II	I	II	I	II	I	II	I	II
1850-54	84.4	85.1	9.8	7.9	5.9	7.0	..	..	7 036	10 762
1855-59	86.6	86.6	8.1	6.7	5.1	6.7	0.2	..	8 414	11 597
1860-64	82.8	82.5	12.1	11.0	5.0	6.3	0.2	0.2	9 928	13 931
1865-69	83.6	83.2	5.9	9.5	6.2	7.0	0.3	0.3	11 454	15 508
1870-74	77.7	79.7	14.1	10.9	7.1	8.3	1.1	1.1	16 203	18 676
1875-79	80.5	80.3	11.0	11.1	6.9	7.0	1.6	1.6	17 635	21 132
1880-84	81.6	80.5	9.3	10.3	6.9	6.8	2.1	2.4	17 659	21 958
1885-89	78.4	78.7	11.5	11.8	7.4	6.7	2.7	2.8	19 982	25 661
1890-94	78.6	78.4	11.8	12.7	7.9	7.3	1.6	1.7	23 758	29 596
1895-99	75.7	76.1	14.8	15.0	7.5	7.0	1.9	1.7	28 747	35 895
1900-04	76.4	77.2	13.9	13.5	8.3	7.9	1.4	1.4	33 336	39 070
1905-09	74.6	74.9	15.3	15.0	8.7	8.7	1.4	1.4	41 859	45 495
1910-13	74.3	74.0	15.2	15.5	9.1	9.1	1.4	1.4	49 471	50 215
1925-29	78.3	77.9	11.1	10.5	11.9	12.2	-1.3	-0.6	75 369	51 621
1930-34	82.5	81.5	1.4	2.6	15.0	15.0	1.1	0.9	60 508	48 870
1935-38	64.2	63.3	13.1	12.9	22.6	23.8	0.1	0.1	84 200	70 271
1950-54	64.2	65.4	17.5	14.6	15.8	16.4	2.5	3.7	120 756	53 530
1955-59	62.1	65.5	19.0	16.1	15.0	14.1	3.9	4.4	189 972	76 496
1960-66	63.3	..	18.6	..	16.7	..	1.4	..	347 649	..

I = laufende Preise
II = Preise von 1913

Quellen: Walther G. Hoffmann, Das Wachstum der deutschen Wirtschaft seit der Mitte des 19. Jahrhunderts, Berlin(West)-Heidelberg-New York 1965, S. 104 f.; Wirtschaft und Statistik, Heft 2/1968, S. 138+-147+

dem amerikanischen Begriff der durables entsprechen.[11] Nach diesen Berechnungen hat sich der Anteil dieser Gruppe am gesamten privaten Verbrauch von 14 % im Jahre 1950 auf über 20 % im Jahre 1962 erhöht, während sich der Anteil der traditionellen Verbrauchsgüter wie Nahrungs- und Genußmittel, Bekleidung usw. ständig verringert hat. Der Entwicklungst r e n d scheint also in Westdeutschland ähnlich wie in den USA zu sein, ohne daß bereits ein gleicher Stand in der Entwicklung der individuellen Konsumtion erreicht wäre. Stellt man denselben Vergleich zwischen der Höhe der Ausrüstungsinvestitionen und der Ausgaben der langlebigen Verbrauchsgüter an, wie er von uns für die USA vorgenommen wurde, so zeigt sich für 1962 - das letzte Jahr mit vergleichbaren Daten -, eine Gesamtsumme von 39 Mrd. DM für die entsprechenden Verbrauchsgüter gegenüber 44,7 Mrd. DM für Ausrüstungen der privaten Wirtschaft. also ein weit geringeres Gewicht dieses Bestandteils der individuellen Konsumtion.

Ähnliche Entwicklungstendenzen wie im gesamten Verbrauch zeigen sich in der Entwicklung des Sektors der Dienstleistungen. In den USA beobachten wir seit den 20er Jahren eine bemerkenswerte Konstanz im Anteil der Dienstleistungen am gesamten privaten Verbrauch, was viele Autoren zu der Feststellung veranlaßt, dieser Sektor habe keine besondere Wirkung auf das Wirtschaftswachstum, sondern sei wegen seiner Immobilität nicht als dynamischer Faktor zu werten. Dabei wird allerdings übersehen, daß sich auch und gerade in diesem Bereich mit dem Fortschreiten der wissenschaftlich-technischen Revolution und den Umschichtungen in der Verbrauchsstruktur wesentliche Veränderungen vollzogen haben. In der Vergangenheit überwogen in diesem Sektor Dienstleistungen im Haushalt und im Bereich der persönlichen Bedürfnisse sowie der Banken und Versicherungen. In den USA haben sich nach dem zweiten Weltkrieg erhebliche Wandlungen vollzogen. Die sogenannten materiellen Dienstleistungen, d.h. die vorwiegend mit der Pflege und Reparatur langlebiger industrieller Verbrauchsgüter verbundenen Dienstleistungen haben bedeutend zugenommen. Ihr Anteil beläuft sich auf etwa die Hälfte aller Dienstleistungen innerhalb des privaten Verbrauchs.[12] Die Wandlungen in der Verbrauchsstruktur haben damit wesentlich zu den Veränderungen innerhalb der Dienstleistungen beigetragen; letztere hängen in wachsendem Maße von der Ausdehnung des Absatzes dieser industriellen Verbrauchsgüter ab. Für Westdeutschland ergeben sich auf Grund der geringeren Wandlungen in der Verbrauchsstruktur im Dienstleistungssektor weniger wirksame Veränderungen als in den USA. Der Anteil der Dienstleistungen am gesamten privaten Verbrauch ist von 1950 bis 1962 in laufenden Preisen zwar von 19 auf 23,5 % gestiegen, in konstanten Preisen jedoch sogar von 18,7 auf 17,1 % zurückgegangen.[13] Dem absoluten Umfang und dem Entwicklungstrend nach zeigen sich also erhebliche Unterschiede gegenüber der Entwicklung in den USA. Es ist hier nicht der Platz, auf die Ursachen im einzelnen einzugehen. Eine Ursache ist sicherlich darin zu suchen, daß die materiellen Dienstleistungen infolge des geringeren Gewichts des privaten Verbrauchs im allgemeinen und des Verbrauchs an langlebigen industriellen Verbrauchsgütern im besonderen erst allmählich eine größere Bedeutung erlangen. Immerhin gilt auch in Westdeutschland für die Strukturwandlungen innerhalb des Dienstleistungssektors, daß die mit dem Unterhalt und der Reparatur von langlebigen Verbrauchsgütern verbundenen Sparten (PKW, Haushaltsgeräte, Rundfunk- und Fernsehtechnik usw.) ihren Anteil am gesamten Dienstleistungssektor seit 1949 erhöhten.[14]

Es bleibt noch hinzuzufügen, daß die Schätzungen der amerikanischen Forschungsinstitute für die Zeitspanne bis 1970/80 ein Fortdauern der dargelegten Entwicklungstrends angeben. Ohne die Exaktheit der einzelnen Schätzungen überbewerten zu wollen, seien doch die Angaben der umfassendsten Untersuchung "Resources in America's Future" erwähnt, die für den angegebenen Zeitraum eine im Tempo zwar etwas verlangsamte aber dennoch stetige Erhöhung des Anteils der langlebigen Verbrauchsgüter am gesamten privaten Verbrauch und ein Fortdauern der Strukturwandlungen im Dienstleistungssektor ausweisen. Die Entwicklung wird sich nach dieser Voraussage im Rahmen eines etwas geringeren Anteils des privaten Verbrauchs (ca. 62 %) am Bruttosozialprodukt vollziehen.[15]

Wenn wir nunmehr nach der Betrachtung einiger empirischer Daten aus der Wirtschaftsentwicklung der USA und Westdeutschlands zu unserem theoretischen Ausgangspunkt zurückkehren, so können wir feststellen, daß sich die von den Klassikern des Marxismus-Leninismus hervorgehobenen Zusammenhänge zwischen den Veränderungen der Marktstruktur und dem Wirtschaftswachstum, zwischen produktiver und individueller Konsumtion unter den Bedingungen des modernen Kapitalismus auf einer neuen Stufe eindrucksvoll bestätigen.

Der Grundzusammenhang zwischen Akkumulation und individueller Konsumtion bleibt erhalten; die Entwicklung der modernen Produktivkräfte im Zeitalter der wissenschaftlich-technischen Revolution unterstreicht das eindeutig. Dennoch vollziehen sich gegenwärtig Veränderungen in der Rolle der individuellen Konsumtion. Der erweiterte Zirkel der Konsumtion innerhalb der Zirkulation, soweit er sich auch auf die individuelle Konsumtion erstreckt, schafft unter den gegenwärtigen Bedingungen zumindest für die USA neue

Zusammenhänge zum Wirtschaftswachstum. Wenn die Produktion von Konsumtionsmitteln in wachsendem Umfang direkt mit der Entwicklung der modernen Produktivkräfte verbunden ist und die entsprechenden industriellen Verbrauchsgüter (einschließlich der Wirkungen auf den materiellen Bereich des Dienstleistungssektors) bei gleichzeitiger starker Expansion der Investitionen ein annähernd gleiches Ausmaß wie diese in der Gesamtnachfrage erreichen, dann handelt es sich um eine wesentliche Veränderung der Marktstruktur.

In einzelnen sowjetischen Veröffentlichungen wird aus diesem Grund bereits von einem eigenen Umschlagszyklus der langlebigen Verbrauchsgüter gesprochen, der in ähnlicher Weise wie der Umschlag des fixen Kapitals maßgeblich auf die gesamte zyklische Entwicklung der Produktion in den hochentwickelten kapitalistischen Ländern, vor allem in den USA, einwirkt.[16] Sicher ist es verfrüht, solche weitgehenden Schlußfolgerungen zu ziehen. Dennoch scheint festzustehen, daß sich mit dieser Entwicklung eine neue Stufe in der Wirkung der individuellen Konsumtion auf die Gesamtnachfrage und damit auf das Wirtschafts-wachstum herauszubilden beginnt.

Anmerkungen

1 Eine genauere Aussage ist nur möglich, wenn die konkreten Bedingungen der jeweiligen Wirtschaft mit dem Gewicht von produktiver, individueller und gesellschaftlicher Konsumtion berücksichtigt werden.

2 K. Marx, Grundrisse der Kritik der politischen Ökonomie, Berlin 1953, S. 312

3 W. I. Lenin, Werke, Band 1, Berlin 1961, S. 98

4 Bekanntlich ist die Abgrenzung in dauerhafte und nicht dauerhafte Güter, die in der amerikanischen Statistik vorgenommen wird, nicht exakt. Die Entwicklungstrends lassen sich jedoch aus ihr entnehmen.

5 Vgl. hierzu z.B. die Meinung von R. Gordon auf der Konferenz, die im April 1967 in London mit dem Thema "Ist der ökonomische Zyklus überholt?" durchgeführt wurde. Sowjetwissenschaft, Gesellschaftswissenschaftliche Beiträge, Heft 3/1968

6 Vgl. hierzu die Berechnungen sowjetischer Ökonomen in: Mirovaja Ekonomika i meždunarodnye otnošenija, Heft 3/1967, S. 98

7 Berechnet nach Angaben: Resources in America's Future, The John Hopkins Press 1963, S. 837, 855 und Statistical Abstract of the United States, 1966, S. 537

8 Mirovaja Ekonomika i meždunarodnye otnošenija, Heft 3/1967, S. 95

9 Walther G. Hoffmann, Das Wachstum der deutschen Wirtschaft seit der Mitte des 19. Jahrhunderts, Berlin(West)-Heidelberg-New York 1965, S. 696 ff.

10 Charlotte Otto-Arnold, Entwicklungstendenzen des privaten Verbrauchs und die Bezugswege der Konsumenten in der Bundesrepublik, Vierteljahrshefte für Wirtschaftsforschung, Berlin(West), 1963, Zweites Heft, S. 148 ff.

11 Die Angaben sind trotzdem nicht direkt mit den amerikanischen durables vergleichbar, da in die Berechnungen Warengruppen einbezogen wurden, die in der amerikanischen Statistik nicht als durables zählen.

12 S. Sagladina, Bytowye uslugi w SŠA, Mirovaja ekonomika i meždunarodnye otnošenija, Heft 4/1968, S. 108 ff.

13 Vgl. Ch. Otto-Arnold, a.a.O., S. 156-158

14 Vgl. hierzu im einzelnen: Alfred Schüller, Dienstleistungsmärkte in der Bundesrepublik Deutschland. Sichere Domänen selbständiger mittelständischer Unternehmen? Köln und Opladen 1967, S. 143 ff.

15 Resources in America's Future, a.a.O., S. 528 f. und 546-548; vgl. auch: H. S. Houthakker/Lester D. Taylor, Consumer Demand in the United States 1929-1970, Cambridge (Mass.) 1966, S. 154 ff.

16 Vgl. hierzu u.a.: S. M. Menšikov, Mechanizm sovremennovo cikla, in: Sovremennye cikly i krizisy, Moskva 1967, S. 43 ff.

KURT ZIESCHANG

Zu den objektiven ökonomischen Triebkräften der wirtschaftspolitischen Konzeption in Westdeutschland

Im Heft 4/1966 dieses Bulletins veröffentlichten wir einige Thesen zu der sich im Gefolge der wissenschaftlich-technischen Revolution herausbildenden neuen Situation für das neue imperialistische System. Wir wollten mit diesen Thesen verdeutlichen, in welchem Maßstab durch die sich durchsetzende Revolutionierung in den Produktionsgrundlagen der gesellschaftlichen Produktion der grundlegende Widerspruch des kapitalistischen Systems zwischen dem Vergesellschaftungsprozeß der Produktion und den privatkapitalistischen Eigentumsbeziehungen in diesem System zugespitzt wird. Wir kamen dabei zu der Schlußfolgerung, daß sich das kapitalistische System an der Schwelle einer neuen Entwicklung der Entfaltung dieses Widerspruches befindet. Wir versuchten dies mit dem Nachweis zu begründen, daß die Komplexität der gesamtgesellschaftlichen Zusammenhänge und Auswirkungen der Kapitalanlage und Kapitalverwertung ein Stadium erreicht, in dem sich eine neue Ebene der Einheit zwischen ökonomischen Bedingungen und Erfordernissen und der gesamten Sozial- und Gesellschaftsproblematik, einschließlich der allgemeinen innen- und außenpolitischen Problematik, herausbildet. Aus diesen Gründen wird es in Zukunft für die marxistischen Ökonomen besonders darauf ankommen, alle einzelnen ökonomischen Probleme vorwiegend unter dem Gesichtspunkt dieser "Gesellschaftsproblematik" zu betrachten. Gleichzeitig schlußfolgerten wir daraus u.a. eine wachsende Bedeutung der Wirtschaftspolitik und versuchten einige dieser bestimmenden Grundzusammenhänge zu formulieren.

Das imperialistische System in Westdeutschland durchlebte seine tiefste Krise seit dem 2. Weltkrieg, die gleichzeitig eine Periode relativ leichten und hohen Wachstums unterbrach und in vielfacher Beziehung neue Wachstumsverhältnisse schuf und einleitete.

Es ist offensichtlich, daß die Ursachen dieser Krise keinesfalls nur einfach aus traditionellen ökonomischen Krisenursachen, wie Disproportionalität, Überproduktion u. ä. erklärt werden können. Ihre Ursachen lagen bereits auch in strukturellen Problemen, die mit der Durchsetzung der wissenschaftlich-technischen Revolution entstanden (Umwälzungen in der Produktionsstruktur, zunehmende Bedeutung der Infrastruktur u.ä.), in der Unfähigkeit des Kapitalismus, die gesamtgesellschaftlichen Zusammenhänge zu berücksichtigen. Die Ursachen lagen weiterhin in der hieraus entstehenden umfangreichen Sozialproblematik, in ungenügender Wirtschaftsführung und Regulierung und wesentlich auch in den Auswirkungen der innen- und außenpolitischen Krise (wie sie etwa in den ökonomischen Auswirkungen des Haushaltsdilemmas zum Ausdruck kamen), die gleichzeitig von einer Regierungskrise begleitet waren. Sehr deutlich wurde durch diese komplexen Krisenursachen bereits die Frage nach dem Leitbild für die zukünftige gesamte Gesellschaftsentwicklung aufgeworfen. Wir verweisen hierauf, weil wir meinen, daß durch diese Krise, die für die zukünftige Entwicklung in vieler Beziehung eine wichtige Rolle spielen wird, bereits sehr offensichtlich wurde, wie komplex die gesamtgesellschaftlichen Zusammenhänge heute auftreten und wie ökonomische Zusammenhänge heute nur von diesem Standpunkt betrachtet werden können.

Ein politisches Produkt dieser Krise war die Bildung der "Großen Koalition". Trotz heftiger Rededuelle zwischen CDU und SPD vor ihrer Bildung lag überraschenderweise bereits kurz nach ihrer Konstituierung ein Regierungsprogramm vor, welches die vollkommene Übereinstimmung zwischen CDU und SPD dokumentierte.

Den größten Teil dieses Programms nahm dieDarlegung einer wirtschaftspolitischen Konzeption ein. Bei ihrer Beurteilung erhebt sich die Frage: Entsprechen die Vorstellungen über die Wirtschaftspolitik in diesem Regierungsprogramm und in der seither geübten

Praxis einfach den bisherigen Vorstellungen, oder beinhalten sie eine "Neuorientierung" in dieser Politik? Wird die alte Politik einfach mit einer neuen Regierung fortgesetzt, oder werden andere Wege beschritten?

Man muß diese Frage mit ja und nein beantworten. Mit ja, weil es sich eindeutig nach wie vor um eine ganz auf die ökonomischen und politischen Bedürfnisse des Monopolkapitals zugeschnittene Konzeption handelt. Man darf nicht etwa annehmen, daß durch den Eintritt der bisherigen "Opposition" in die Regierung auch nur in irgendeiner Form einer Alternative zum bisherigen Hauptinhalt der Wirtschaftspolitik verfolgt wurde und wird. Selbst die wahrlich nicht sehr weitgehenden, in der Vergangenheit von der SPD propagierten Ansichten - etwa die Wohlfahrtspolitik, Eigentumsverteilung u. ä. - finden sich hier nicht. Dies ist zunächst die grundlegende Feststellung bei der Beurteilung der wirtschaftspolitischen Konzeption der jetzigen Koalition.

Gleichzeitig ist aber unsere Frage auch mit nein zu benatworten: Innerhalb dieser monopolkapitalistischen Orientierung der Wirtschaftspolitik zeichnen sich gleichzeitig "Neuorientierungen" oder "Neuformierungen" ab, die unseres Erachtens von erheblicher Bedeutung sind. Deshalb kommt es bei der Beurteilung dieser vorgelegten wirtschaftspolitischen Konzeption - wie übrigens bei der Beurteilung von allen solchen Konzeptionen - nicht nur schlechthin auf die Feststellung ihres monopolistischen Inhalts an, sondern vor allem auf die Bestimmung ihres spezifischen Charakters, auf neue Orientierungen, deren Wesen, die mit ihnen verfolgten speziellen Ziele und die Ursachen hierfür.

In unserer Literatur wurden in der Vergangenheit bei der Einschätzung wirtschaftspolitischer Probleme die Dinge manchmal etwas vereinfacht. Man stellte diese Problematik etwa so dar, als ob es nur darum ginge, den Monopolen möglichst hohe Profite mit Hilfe des Staates zuzuschanzen, klebte oftmals auf die Darlegung von wirtschaftspolitischen Maßnahmen einfach das Etikett "für den Monopolprofit", "im Interesse des Monopolkapitalismus" usw. Lägen die Dinge tatsächlich so einfach für die Imperialisten und ihren Staat, dann müßte man sich die Frage stellen: Wenn es nur darauf ankommt, daß der Staat möglichst viel den Monopolen zuschanzt, wieso gibt es dann eine zunehmende Labilität dieses Systems, eine zunehmende Funktionsunfähigkeit seines Mechanismus, wieso verschärfen sich mit seiner Entwicklung alte Widersprüche und entstehen neue ökonomische, soziale und politische Spannungszentren? Wenn die monopolistische Funktion des Staates heute nur darin bestände, den Monopolen ständig die Profite zu erhöhen, dann hätte das Finanzkapital wahrlich viel geringere Sorgen um die Erhaltung seiner Herrschaft als es tatsächlich hat, und seine Manövrierfähigkeit, auch in der Wirtschaftspolitik, wäre bedeutend größer, als sie tatsächlich ist.

Tatsächlich können wir mit der Entwicklung der kapitalistischen Realitäten verschiedene Etappen mit unterschiedlichen Problemen der Wirtschaftspolitik feststellen. Diese Entwicklung ist gleichbedeutend mit einem zunehmenden Einfluß der Wirtschaftspolitik auf den Reproduktionsprozeß wie andererseits dieser immer umfassendere und kompliziertere Probleme vor der staatsmonopolistischen Wirtschaftspolitik auftürmt.

Wie schon im Regierungsprogramm erkennbar, finden wir auch in der bisherigen Praxis der Wirtschaftspolitik eine gewisse Umorientierung, auch ein gewisses Umdenken, das heißt, eine gewisse Wende in der Wirtschaftspolitik. Wir meinen, daß dies auch - nicht unwesentlich beeinflußt von der Wirtschaftskrise - bereits Ausdruck für die sich infolge der Durchsetzung der wissenschaftlich-technischen Revolution vollziehenden Veränderungen in den Bedingungen ist, unter denen sich heute der Kapitalismus entwickelt. Westdeutschland bildet dabei mit der Entwicklung seiner Wirtschaftspolitik durchaus keinen Spezialfall, sondern geht dabei zumindest mit der Entwicklung in Westeuropa in dieser oder jenen Form durchaus konform - allerdings etwas verspätet.

Im folgenden soll es nicht um die Darlegung der einzelnen Seiten und Elemente dieser wirtschaftspolitischen Konzeption gehen. Außerdem darf nicht übersehen werden, daß die heute betriebene Wirtschaftspolitik als Gesamtkonzeption in mehr oder weniger vollständiger Form zunächst nur in dem erwähnten Regierungsprogramm enthalten ist. Bei aller Bedeuvon Regierungsprogrammen ist zu beachten, daß sie als Interesseninterpretation eines bestimmten Interessenstandpunktes, dem eine bestimmte Klassenposition zugrunde liegt, die Dinge eben von dieser Position aus darlegen, da sie als für die Öffentlichkeit bestimmte Dokumente keinesfalls die wahren Absichten ganz widerspiegeln, auch viele diplomatische Absichten verfolgen und zumeist eine große Palette von Wünschen und Versprechungen enthalten, deren Übereinstimmung mit der Realität eine ganz andere Frage ist.

Wir wollen im folgenden an einigen Grundfragen der heute betriebenen Wirtschaftspolitik bzw. der Bemühungen um ihre Verwirklichung zeigen, wie in ihnen die sich entwickelnde Verdichtung der gesamtgesellschaftlichen Zusammenhänge und ihre Zuspitzung zum Ausdruck kommt, welche Grundzusammenhänge heute die Wirtschaftspolitik wesentlich bestimmen; das heißt, wir wollen einen Beitrag zu der Frage leisten, von welchem Standpunkt und in welchem gesellschaftlichen Zusammenhang die Hauptelemente dieser Politik gesehen werden müssen.

Schon äußerlich unterscheidet sich die jetzige wirtschaftspolitische Konzeption von der bisherigen Theorie und Praxis dieser Politik. Neben einer Reihe "alter" Prinzipien und Elemente sind in der neuen Konzeption sowohl im einzelnen wie generell eine Reihe neuer Prinzipien, Methoden und Instrumente enthalten, die teilweise bereits angewandt werden bzw. auf deren Durchsetzung sich die Bemühungen der Kiesinger/Strauß-Regierung konzentrieren.

Bei der Beurteilung wirtschaftspolitischer Gesamtkonzeptionen sind es allgemein drei Gesichtspunkte, die zu beachten sind:

1. die Ziele der Wirtschaftspolitik,
2. die Mittel, Methoden und Instrumente der Wirtschaftspolitik,
3. als Generalfrage, die sogenannten "Ordnungsprinzipien".

Mit diesem von der bürgerlichen Ökonomie geprägten Ausdruck sind alle jene ökonomischen und sozialen Systemfragen gemeint, die aus einer bestimmten Wirtschaftspolitik entstehen bzw. es wird das Problem angesprochen, welche staatlichen, gesellschaftlichen Verhältnisse geschaffen werden müssen, um die gesetzten Ziele zu erreichen, das gesellschaftliche System darauf einzustellen und abzusichern.

Zu den Zielen der Wirtschaftspolitik heißt es in dem erwähnten Regierungsprogramm, in dem die Leitlinien der Wirtschaftspolitik der Kiesinger-Strauß-Regierung entwickelt wurden:

"... im Rahmen der marktwirtschaftlichen Ordnung gleichzeitig Stabilität des Preisniveaus, hohen Beschäftigungsstand und außenwirtschaftliches Gleichgewicht bei stetigem und angemessenem Wachstum anzustreben."[1]

Diese Formulierungen sind aus der allgemeinen herrschenden bürgerlichen Theorie entnommen, finden sich heute in allen wirtschaftspolitischen Konzeptionen und sind an sich uninteressant. Sie sind den um die zwanziger Jahre entstandenen Theorien vom "magischen Dreieck" entnommen. Nach diesen Theorien befinden sich die Hauptziele der Wirtschaftspolitik (Vollbeschäftigung, stabile Preise und Außenwirtschaftsgleichgewicht) in einem prinzipiellen Gegensatz zueinander, und die Wirtschaftspolitik hat die Qual der Wahl, sich für eines dieser Ziele zu entscheiden, wobei notwendigerweise die anderen Ziele vernachlässigt werden und sie deshalb gezwungen wird, sich ständig so zu bewegen, daß ein Ausgleich stattfindet. Diese hier nur mit wenigen Worten charakterisierte Auffassung ist ein typisches Produkt der sich zunehmend entwickelnden Instabilität des imperialistischen Systems und des Widerspruchs zwischen der zunehmenden Notwendigkeit der Wirtschaftsregulierung und den privatkapitalistischen Eigentumsgrundlagen der Wirtschaft. Sie ist deshalb ausgezeichnet für wirtschaftspolitische Konzeptionen geeignet, für ihre theoretische Begründung und Propagierung wie für ihre Praxis, weil es sich letztlich immer aus ihr ergibt, daß im Interesse von Stabilität und Wachstum die Einkommen, vor allem die Löhne, reduziert werden müssen bzw. der Verfolgung der wirtschaftspolitischen Ziele in ihrer Bewegung untergeordnet werden müssen. Kollidieren zum Beispiel die Preise mit der Vollbeschäftigungspolitik, so wird es in deren Interesse notwendig sein, die Ursachen der Preissteigerungen (die bisher letztlich immer in den Lohnsteigerungen gefunden wurden) zu bekämpfen. In ähnlicher Weise lassen sich innerhalb des magischen Dreieckzusammenhanges beliebig viele Kombinationen aufstellen, die natürlich für das eigentliche Hauptziel imperialistischer Wirtschaftspolitik hervorragende Begründungen liefern.

Viel interessanter für das Erkennen der Spezifik imperialistischer Wirtschaftspolitik ist die Formulierung des Hauptzieles dieser Politik und die Nuancierung bei der Formulierung der Ziele. Zu ersterem heißt es in der Regierungserklärung, daß dieses Hauptziel zur Zeit - und daran hat sich nichts geändert und wird sich nichts ändern - "optimales Wachstum und Sicherung eines hohen Beschäftigungsstandes"[2] heißt.

Ohne näher hierauf einzugehen, sei bemerkt, daß allgemein in den Einschätzungen dieser Wirtschaftspolitik vermerkt wird, daß die neue Konzeption ein "Umschalten" auf die Wachstumsproblematik bedeutet. Dieses Ziel und die damit zusammenhängenden Fragen (vor allem die eindeutige Erklärung, daß die neue Regierung mit starker Hand und konsequent alles tun wird, um die innen- und außenpolitischen Sicherungen und Garantien für die notwendigen Privatkapitalanlagen und die dazu notwendigen Profite zu schaffen) wurden bisher noch in keiner Regierungserklärung so eindeutig in den Vordergrund gestellt. Tatsächlich bedeutet dies natürlich - und die bisherige Praxis der Wirtschaftspolitik der großen Koalition hat dies voll bestätigt - den Versuch, alle gesellschaftlichen Entwicklungen und Zusammenhänge den Bedürfnissen der erweiterten Reproduktion des Kapitals, also der Profitentwicklung, unterzuordnen, was in der imperialistischen Lesart etwa wie folgt ausgedrückt wird: Jede gesellschaftliche Entwicklung ist von ausreichenden Investitionen abhängig, die wiederum von ausreichenden "Gewinnerwartungen" abhängig sind. Ihre richtige Sicherung ist deshalb Hauptvoraussetzung der gesamten Gesellschaftsentwicklung, bzw. im Interesse der Gesamtgesellschaft muß die Befriedigung aller ihrer Bedürfnisse diesem "Grundproblem" der Gesellschaft untergeordnet werden.

Zum zweiten sind hier solche Formulierungen wie "optimales Wachstum", "angemessenes Wachstum" und "hohe Beschäftigung" interessant. Diese Präzisierung des Wachstumsbegriffes ist charakteristisch für die sich neu herausbildende Situation und durchaus auch das Produkt von gesammelten Erfahrungen. So wurde, zum mindesten seit den sechziger Jahren, sehr deutlich, daß sich das Wachstumsklima verändert, der Wachstumsspielraum sich verengt und die Raten des Wachstums sich verlangsamen. Dies ist eine Tendenz, die sich nach unseren Kenntnissen der Zusammenhänge fortsetzen wird. Das ist gleichbedeutend damit, daß sich die Instabilität des Systems erhöht, was auch bedeutet, daß die Auswirkungen zu schnellen Wachstums - wie zum Beispiel die Inflationierung - ebenso wie dessen bedenkenlose Förderung durch die staatliche Wirtschaftspolitik, bedeutend spürbarer auftreten als in der Vergangenheit. Umgekehrt potenziert eine Verlangsamung des Wachstums - und nicht entsprechend konzentriertes Reagieren der staatlichen Wirtschaftspolitik - die Gefahren für ein beschleunigtes Absinken des Wirtschaftswachstums. Auf diese Problematik konzentriert sich in den letzten Jahren zunehmend die bürgerliche Ökonomie und die Praxis der imperialistischen Wirtschaftspolitik. Die von uns angeführten Formulierungen aus der Zielprojektierung der gegenwärtigen westdeutschen Wirtschaftspolitik sind Ausdruck hierfür. Anders ausgedrückt kann man sagen, daß damit die Notwendigkeit und Absicht zum Ausdruck gebracht wird, die wirtschaftliche Entwicklung im umfassenderen Sinne staatlich zu regulieren, daß die Sicherung des Wirtschaftswachstums staatliche Regulierungen in größeren Dimensionen als bisher verlangt.

Im Rahmen der staatsmonopolistischen Zielformulierung war es bisher üblich, von Vollbeschäftigung zu sprechen. Der Ausdruck "hohe Beschäftigung" ist ebenfalls das Produkt der vorstehend erläuterten Situation. Besonders steckt hinter ihm die Auffassung, daß ständige "Vollbeschäftigungspolitik" bei den sich neu herausbildenden Wachstumsbedingungen viel zu gefährlich ist und den Spielraum, die Manövrierfähigkeit der Wirtschaftspolitik zu sehr einengt. Man kann mit vielen Äußerungen offizieller und halboffizieller staatlicher Verantwortlicher und auch mit verschiedenen praktischen Maßnahmen beweisen, daß heute die Auffassung vorherrscht, daß die Herbeiführung von sinkender oder steigender Beschäftigung ein wesentliches Mittel zur "Stabilisierung" und zur Entspannung ist.

Ohne entschiedene Ausdehnung des Maßstabes staatlicher Wirtschaftspolitik ist das Wirtschaftswachstum nicht mehr gesichert und diese macht in größerem Maßstab gleichzeitig die Sorge um die Auswirkungen dieser Politik, die "Stabilisierungspolitik", notwendig. In diesem Sinne sind die Zentralprobleme der Wirtschaftspolitik "Wachstum und Stabilität" aufzufassen.

Den ganzen Komplex von Erfordernissen, vor denen die imperialistische Wirtschaftspolitik heute steht und auf den sie in dieser oder jener Form reagieren muß, wollen wir hier zunächst mit den Begriffen Zeit, Raum und Organisation erfassen.

Wir versuchten, in dem erwähnten Artikel in Heft 4/1966 dieses Bulletins mit einigen Thesen zu zeigen, wie komplex die Auswirkungen der wissenschaftlich-technischen Revolution auftreten, in welchem Maßstab sich die gesamtgesellschaftlichen Zusammenhänge verdichten und ausdehnen, ebenso wie diese durch die Revolutionierung in den Produktionsgrundlagen bei einer hohen Stufe der Konzentration und Zentralisation der Produktion und des Kapitals beständig umgewälzt werden. Allgemein zusammenfassend kann man daraus folgende Schlußfolgerungen für die Anforderungen an die Wirtschaftspolitik, die in der Tendenz ihre Entwicklung bestimmen werden, ziehen: Die Regulierung des Gesamtprozesses kann immer weniger nur im Rahmen kurzfristiger Profiterwartungen erfolgen. Das kapitalistische Regulierungsprinzip, über die Bewegung der individuellen (bzw. kollektiven) Profite den Gesamtzusammenhang herzustellen, die gesellschaftliche Arbeit für eine effektive erweiterte Reproduktion zu verteilen, reicht auf einer höheren Stufe nicht mehr aus. Die herrschende Kapitalkonzentration, der Umfang und die Auswirkungen des technischen Fortschrittes verlangen zwangsläufig lang- bzw. längerfristige Regulierungen, die in manchem den kurzfristigen Profiterwartungen sogar widersprechen. Hinzu kommt, daß die eine zunehmende Bedeutung erlangenden Bereiche der Infrastruktur, die Rolle der Wissenschaft, die Einführung ihrer Ergebnisse in die Produktion, langfristige Gesichtspunkte bei der Anwendung des variablen Kapitals, wie Bildung und Ausbildung der Arbeitskräfte u.ä., eine langfristige Gestaltung verlangen, oftmals auch Verzicht auf kurzfristigen Profit erfordern, Lösungen erfordern, die eigentlich schon außerhalb der Profitprinzipien liegen, nur in Zusammenhängen entwickelt werden können, die teilweise schon über den Bereich und die Möglichkeiten der Herrschaft der Einzel- oder Kollektivkapitalmacht hinausgehen. Ihr Betrieb wird zwar immer unerläßlicher, aber sie können keinesfalls allein durch die Bewegung der Profite reguliert und entwickelt werden. Das Zurückbleiben dieser Bereiche in Westdeutschland, das zu einem ernsthaften Wachstumshindernis wurde, ist wesentlich der ungenügenden Berücksichtigung dieser Zusammenhänge geschuldet. Außerdem stellen ökonomische Schwierigkeiten oder Krisen heute offensichtlich nicht mehr nur vorwiegend bisher übliche konjunkturelle, zyklische Entwicklungen dar, deren Ursachen durch diese überwunden werden können. Zumeist treten hierbei heute auch Faktoren auf, wie Probleme der Produktionsstruktur, der Gestaltung ihres räumlichen und zeitlichen Zusammenhanges, der Infrastruktur, der Anwendung der Wissenschaft, ungenügende Mobilität des Kapitals und der Arbeitskräfte, der Entwicklungsrichtung der Investitionen u.ä. Diese sind bedingt durch die Untauglichkeit der kapitalistischen Produktionsregulierung, bei der hoch vergesellschafteten Produktion die entsprechenden gesamtgesellschaftlichen Zusammenhänge langfristig und prognostisch herzustellen und die Anforderungen des Vergesellschaftungsprozesses auch gegen kurzfristige Profitinteressen zu berücksichtigen. Die Notwendigkeit, sich mit diesen negativen Auswirkungen der kapitalistischen Produktionsregulierung zu beschäftigen, ist ebenso eine Triebkraft für die Entwicklung der Wirtschaftspolitik.

Die Berücksichtigung dieser hier kurz erwähnten neuen Erfordernisse ist der auf Kapitalverwertung gerichteten Kapitalanlage an sich fremd. So wie das staatsmonopolistische System an sich schon Ausdruck für die Überlebtheit des imperialistischen Systems ist, wird es unter denselben Vorzeichen jetzt gezwungen, neue Wege der Regulierung zu suchen. Es muß sich mit einer Situation abfinden, die die Anwendung von Methoden verlangt, die schon direkt, auch von der Art der Methoden her (zum Beispiel Planung und Prognose) den

Widerspruch zwischen der hoch vergesellschafteten Produktion der Gesellschaft und ihrer offensichtlich ganz unsinnigen Unterordnung unter die Kapitalverwertungsinteressen zum Ausdruck bringt. Die vergesellschaftete Produktion kann immer mehr nur das Ergebnis eines gesamtgesellschaftlich organisierten Zusammenhanges sein (und kann dies nur wirklich sein, wenn sie von der Gesellschaft auch angeeignet wird). In diesem Widerspruch zwischen vergesellschafteter Produktion und den Kapitalverwertungsinteressen besteht nicht nur der Hauptinhalt all der entstehenden neuen langfristigen Regulierungsmethoden, sondern dies ist gleichzeitig die Hauptursache dafür, daß mit ihnen letztlich die Probleme nicht gelöst werden können. Er ist eine grundlegende Ursache dafür, daß die mit mehr oder weniger hoch entwickelter Technik ausgestattete hochproduktive Produktion in den imperialistischen Hauptländern gesamtgesellschaftlich enorme Verluste hinnehmen muß, die gesamtgesellschaftliche Effektivität der Produktion (oftmals ganz im Gegensatz zu der betrieblichen) insgesamt und besonders periodisch nicht den tatsächlich vorhandenen Möglichkeiten entspricht. Dies gehört heute mit zu den wichtigsten Ursachen für den Widerspruch zwischen den realen technischen Möglichkeiten und dem mit ihnen erzielten gesellschaftlichen Fortschritt. Zunehmende Planmäßigkeit und Rationalität in dem Bereich, der der Kapitalmacht eines Kapitals unterliegt und der von dieser beherrscht wird und zunehmende Abhängigkeit von der Regulierung über diesen Kapitalsmachtbereich hinaus, in einem immer größeren gesellschaftlichen Maßstab, die Abhängigkeit der Gesamtentwicklung wiederum von der Möglichkeit der Durchbrechung der Schranken dieser Kapitalmacht, ist eine weitere Seite dieses Konfliktes, der zunehmendes Gewicht im Gesamtwachstumsprozeß erlangt.

Als objektive Triebkraft für die Gestaltung der Wirtschaftspolitik unterstützt sie die These, daß so wie sich das imperialistische System mit der Durchsetzung der wissenschaftlich-technischen Revolution an der Schwelle einer neuen Entwicklungsetappe seiner Labilität befindet, neue Problemstellungen für die Wirtschaftspolitik und dementsprechend neue Konzeptionen mit neuen Methoden und Instrumenten entstehen müssen. Die aus dieser hier allgemein formulierten umfangreichen Problematik sich ergebenden neuen Spannungszentren, die nur ein konkret historischer Ausdruck für die Entfaltung des kapitalistischen Grundwiderspruchs sind, werden in nächster Zeit unsere ganze Aufmerksamkeit erfordern. Dies gilt vor allem deshalb, weil das Herangehen an die Erforschung der neuen Formen und Methoden unter diesem Gesichtspunkt uns konkret den Entwicklungsstand der Labilität und des Übergangscharakters des imperialistischen Systems zeigt. Von dieser Position aus ergeben sich wichtige Schlußfolgerungen für den Kampf gegen das imperialistische System und für die Bemühungen um die Entwicklung des sozialistischen Gesamtsystems und seiner Verteidigung gegen Versuche seiner Verzerrung.

Ohne daß wir näher darauf eingehen müssen (was im Rahmen dieses Artikels nicht möglich ist) läßt sich aus obigem auch die Problematik der beiden anderen von uns genannten Begriffe - Raum und Organisation - ableiten.

Maßstab und Auswirkung der Revolutionierung in den Produktionsgrundlagen machen es immer mehr unmöglich, Kapital einfach wie im traditionellen Kapitalismus oder auch wie in der vorangegangenen Nachkriegsentwicklung anzulegen. Um Kapital überhaupt noch zu verwerten, müssen heute in größerem gesellschaftlichen Maßstab räumliche Probleme gelöst werden, die nicht nur außerhalb des eigentlichen Interesses der Kapitalerwartungen liegen, sondern die auch die Möglichkeiten einer noch so großen Privatkapitalmacht übersteigen. Schlagworte wie Raumordnung und Gestaltung der Wirtschaftsräume, rationale Strukturbereinigung, Verkehrsplanung, Städteplanung u.a. sind Ausdruck für diese neuen Probleme des Gesamtwachstums.

Selbstverständlich wirft dies auf neue Weise das Problem der kapitalistischen Wirtschaftsführung und Wirtschaftsleitung auf. Auch diese wichtige Seite der kapitalistischen Systemproblematik ist bei uns noch wenig erforscht. Ohne daß wir im Rahmen dieses Artikels hierauf näher eingehen können, soll jedoch allgemein hierzu bemerkt werden, daß es sich auch hier nicht bzw. nicht nur um die formale Seite der verschiedenen Methoden und Instrumente der Lenkung und Leitung der Wirtschaft handelt. Im Grunde genommen kann man auch diese Frage nur erfassen und marxistisch durchleuchten vom Standpunkt des Konfliktes zwischen dem kapitalistischen Eigentum, den aus ihnen resultierenden Zielen und Zwecken der Produktion und dem zu ihrer Verwirklichung historisch vorangetriebenen Vergesellschaftungsprozeß der Produktion, der heute Anforderungen stellt, die wir mit einigen Beispielen in den vorangegangenen Ausführungen charakterisierten. Aus diesen wurde bereits offensichtlich, daß ebenso wie allgemein die kapitalistische Eigentumsgrundlage der Produktion Haupthindernis für die tatsächliche Berücksichtigung dieser Anforderungen ist, auch für die immer dringender werdende Lenkung und Leitung und Organisierung dieses Prozesses das Eigentumsproblem das Grundproblem darstellt. Vom Prinzip her kann sich, vereinfacht gesagt, kapitalistische Leitung nur innerhalb folgender Grenzen bewegen: innerhalb des jeweiligen Kapitalmachtbereiches wird die Produktion nach höchstmöglicher Profiterzielung organisiert und geleitet, was gleichbedeutend damit ist, daß der notwendige gesellschaftliche Zusammenhang durch Konkurrenz bzw. monopolistische Konkurrenz sich durchsetzt. Auch die Einschaltung des Staates kann sich über diese Grundzusammenhänge nicht hinwegsetzen, sondern sie nur mit Mitteln staatlicher Monopolisierung, durch Umverteilung von Nationaleinkommen beeinflussen. Daraus folgt, daß der Gegensatz zwischen Kapitaleigentum und Vergesellschaftung der Produktion heute in vielem eine neue Stufe der Entfaltung dieses Konfliktes erreichen muß. Die Erfordernisse dieser Vergesellschaftung verlangen nach planmäßiger und prognostischer Gestaltung der Produktion. Bei der Komplexität der Auswirkungen der wissenschaftlich-technischen Revolution drängt die gesamtgesellschaftliche Organisierung der ökonomischen und sozialen Zusammenhänge (sowohl makro- wie mikroökonomisch, Global- wie Regionalsteuerung) nach gegen die Privateigentumsinteressen in der Produktion gerichteter zentraler Steuerung und Entscheidung.

Diese "Leitungsproblematik" entwickelt sich im Kapitalismus als Trennung des Kapitaleigentums von der Kapitalfunktion, die mit der Herausbildung des Monopolkapitalismus ihre höchste Stufe erreicht. Hier waren Verhältnisse entstanden, unter denen Produktion nur noch kapitalistisch mit monopolistischer Herrschaft und Gewalt betrieben werden konnte. In der Produktion war die gesellschaftlich notwendige Funktion der Kapitaleigentümer schon gänzlich überflüssig. Diese wurde aber bei der rasch voranschreitenden Konzentration der Produktion durch den parallel verlaufenden Prozeß der Zentralisation des Kapitals von der Finanzoligarchie beherrscht, die das gesellschaftliche Gesamtkapital unter ihrer Verfügungsgewalt hat.

Was sich seither im kapitalistischen System entwickelte, sind nur neue Formen dieses Prozesses, die heute vor allem durch die notwendige Einschaltung des Staates als Monopolisierungsinstrument charakterisiert sind. Staatliche, das heißt gesamtgesellschaftlich wirksame Instrumente der Wirtschaftsführung, bei deren Funktion alles Kapitaleigentum schon keine gesellschaftlich notwendigen Funktionen mehr hat, lassen diesen Konflikt immer mehr objektiv als umfassenden Gesellschaftskonflikt zwischen den Interessen der Beherrscher des gesellschaftlichen Gesamtkapitals und der weiteren Entwicklung der Gesellschaft erscheinen. Die Beherrscher des Kapitaleigentums wenden diese Instrumente für die staatliche imperialistische Monopolisierung und - eben als staatliche Instrumente - zur Unterordnung aller gesellschaftlichen Bereiche unter dieses Ziel an. Alle neuen und immer umfassender entstehenden Formen der gesamtgesellschaftlichen Steuerung und Regelung der Produktion, zu denen die Beherrscher des gesellschaftlichen Gesamtkapitals notwendigerweise greifen müssen, sind nur Produkt dieses Konfliktes, und ihre Anwendung, ebenso wie ihre Wirksamkeit, wird von diesem Konflikt bestimmt und begrenzt. Vom Standpunkt des Arbeitsprozesses geht es um das Problem der größeren (über die Kapitalmacht eines Kapitals hinausgehenden) gesellschaftlichen Zusammenfassung und Leitung der Produktion, ihrer Organisierung und Planung. Es geht ökonomisch um die Beherrschung eines Prozesses durch das Kapital, der an sich die Potenzen des Privatkapitals übersteigt, sozial um die dazu erforderliche Unterordnung aller gesellschaftlichen Bereiche, deren objektive Entwicklungserfordernisse mit irgendwelchen Kapitalfunktionen nichts mehr zu tun haben. Allgemein politisch formuliert handelt es sich um die Lenkung und Leitung der Erhaltung der

Kapitalmacht unter den heutigen Bedingungen, die zu einer ökonomischen, sozialen und politischen Machtfrage darüber geworden ist, ob die wissenschaftlich-technische Revolution im Interesse des gesellschaftlichen Fortschritts wirken soll oder diese den Kapitalmachtinteressen untergeordnet werden soll. Es geht darum, ob die in ihr liegenden Möglichkeiten zur Befreiung der Gesellschaft von den ökonomischen Fesseln, zur Reproduktion des Menschen als Persönlichkeit oder als Arbeitskraft für das Kapital erfolgen soll. Alle Fragen der Leitung und Lenkung gesellschaftlicher Prozesse können nur unter diesem Gesichtspunkt behandelt werden.

Offensichtlich werden diese Fragen der Leitung, Lenkung und Steuerung der Produktion zu immer wichtigeren Fragen für die Gesamtentwicklung. Das bedeutet, daß damit gerechnet werden muß, daß diese aus dem Grundwiderspruch des Kapitalismus abgeleitete Problematik auch zu einem die gesellschaftliche Auseinandersetzung bestimmenden Problem werden wird. Im Grunde genommen dreht sich heute die ganze Problematik der Wirtschaftspolitik um dieses Problem. Formulieren wir diese Tendenzen von der unmittelbaren wirtschaftspolitischen Aufgabenstellung her, dann stehen - wie es auch in Diskussion und Praxis der heutigen Wirtschaftspolitik offensichtlich wird - zwei Hauptfragen im Vordergrund: Planung und Stabilisierung. Besser ist es, diese beiden Hauptfragen etwa wie folgt miteinander zu verbinden: einerseits objektiver Zwang zur Planung (im dargelegten Sinne) und andererseits müssen kapitalistische Eigentumsverhältnisse zwangsläufig den Konflikt mit dem kapitalistischen Verteilungsmechanismus der gesellschaftlichen Arbeit, den Preis- und Profitmechanismus und der aus ihm folgenden Rolle der Konkurrenz und der Märkte, durch die und über die im Kapitalismus die gesellschaftlichen Zusammenhänge hergestellt werden, auf einer höheren Stufe reproduzieren. Von der modernen bürgerlichen Ökonomie und auch regierungsoffiziell wird dieses Problem sehr deutlich als Konfliktsituation zwischen Marktwirtschaft und Planung angesprochen.

Man kann sagen, daß all das, was an "Neuorientierung" in der gegenwärtigen wirtschaftspolitischen Konzeption in Westdeutschland vorhanden ist, Ausdruck dieser sich entwickelnden Situation ist. Dabei ist jedoch zu beachten, was in dem erwähnten Artikel in Heft 4/1966 dieses Bulletins zu den Grundzügen der Wirtschaftspolitik gesagt wurde. Aus ihnen ergibt sich, daß die heutige wirtschaftspolitische Konzeption - wie alle solche Konzeptionen - nicht etwa ein direktes Spiegelbild der herrschenden Realität ist oder unbedingt direkt auf diese reagiert. Realität ist der Konflikt, auf den der heutige Kapitalismus in dieser und jener Form reagieren muß - aber durchaus nicht möchte.

Die Hauptfrage ist dabei nicht etwa, wie dies am zweckmäßigsten geschehen kann, sondern wie die erzwungenen neuen Methoden in das kapitalistische System integriert werden können, welche Möglichkeiten das System zu ihrer Berücksichtigung hat, um mit ihnen seine Kapitalmacht zu erhalten und zu stärken. Dies ist in erster Linie eine ökonomische, soziale und politische Machtfrage, die von vielerlei Faktoren abhängig ist (ökonomische Daten, antagonistischer Konflikt zwischen monopolistischen und antimonopolistischen Kräften, Interessenkonflikte, innen- und außenpolitische Möglichkeiten und gesamtpolitische Absichten). Zumeist sind vor allem Krisensituationen, wie dies ja auch bei der Bildung der "großen Koalition" der Fall war, der Anstoß dazu, zu versuchen, neue Machtverhältnisse zu konstituieren und zu neuen Methoden überzugehen.

Ohne im Rahmen dieses Artikels den Versuch zu machen, dieses "Neue" in der wirtschaftspolitischen Konzeption vollständig und systematisch darzustellen, soll nur zur Illustration unserer Feststellung auf einige Hauptaspekte dieser "Neuorientierung" hingewiesen werden. Neben der Anwendung von bisherigen Methoden der Wachstumsstimulierung hat sich die Erkenntnis durchgesetzt, daß Wirtschaftspolitik nicht mehr einfach als Konjunkturpolitik, als Politik des "antizyklischen Verhaltens" betrieben werden kann. Sie muß bei den heute vorhandenen Konflikten ebenso als "Struktur- und Wachstumspolitik" betrieben werden. Offensichtlich sind Aufgaben und Zielstellungen dieser verschiedenen "Politiken" ganz unterschiedlichen Gesichtspunkten unterworfen. Deshalb ist auch ein beträchtlicher Teil der wirtschaftspolitischen Bemühungen und Auseinandersetzungen durch die Kollisionen, die zwischen den Konjunktur-, Struktur- und Wachstumsgesichtspunkten bei der Einführung bestimmter Maßnahmen entstehen, geprägt.

Verschiedene Planungsmethoden sollen eingeführt werden, wobei makroökonomisch in verschiedener Form das Eingeständnis zutage tritt, daß die heutigen Konflikte längerfristiger Lösungen bedürfen. Besonders aktuell ist dabei der Übergang zur mittelfristigen Finanzplanung. Durch sie wird neben anderem vor allem der Zwang zum jährlichen Finanzausgleich beseitigt und die Bewegung der Staatsfinanzen soll mit ihr besser der ökonomischen Bewegung angepaßt werden, um die Manövrierfähigkeit der Wirtschaftspolitik zu erhöhen. Eventual- und Sonderhaushalte, Kreditierungs- und Umschuldungsmethoden, Variierung der Besteuerung entsprechend der jeweiligen ökonomischen Situation sind u.a. neue Methoden, die Kosten der Investitions- und Wachstumsstimulierung längerfristig auf die Masse der Bevölkerung abzuwälzen. Ein wichtiger Meilenstein auf dem Wege zur Durchsetzung der wirtschaftspolitischen Konzeption, man kann sagen, ihr bisher wichtigstes konkretes Ergebnis, war die Annahme eines Gesetzes "zur Förderung der Stabilität und des Wachstums der Wirtschaft" (auch die Anwendung der o.a. Methoden erfolgt auf dieser gesetzlichen Grundlage). Ohne hier näher auf dieses umfangreiche Problem eingehen zu können, kann man sagen, daß dies Gesetz eine Art wirtschaftspolitisches Ermächtigungsgesetz ist. Immer wenn die Regierung feststellt, daß Stabilität oder Wachstum gefährdet sind, bietet es die Möglichkeit zur Anwendung einer sehr breiten Palette von Instrumenten und Maßnahmen. Bei seiner Anwendung hat auch in Westdeutschland (wie schon länger in anderen Ländern) ein neuer Gedanke Raum gewonnen: Bei wirtschaftlichen Schwierigkeiten nicht Beschränkung und Einsparung, sondern im Gegenteil zusätzliche staatliche Verschuldung (Nettoverschuldung), Defizitfinanzierung für Investitionen, die staatlichen Mittel hierfür unter langfristigen, auch strukturellen Gesichtspunkten konzentriert einsetzen. Dem liegt auch das Eingeständnis zugrunde, daß die Wirtschaft heute nicht mehr ohne weiteres, von sich aus, aus einer Krise herausfindet und daß die Überwindung von Krisenursachen auch längerfristige Lösungen erfordert. Die Zentralfrage beim Bemühen um die Durchsetzung der wirtschaftspolitischen Konzeption ist jedoch zweifellos die Globalsteuerung, die makroökonomische mittelfristige (das heißt längerfristige) Steuerung nach solchen globalen Größen wie Bruttosozialprodukt, Nationaleinkommen, Produktivität. Das Kernstück dieser Strategie ist dabei die Schillersche "konzertierte Aktion", das heißt die Unterordnung der "Gruppeninteressen", in erster Linie der Gewerkschaften, unter das "Gemeinwohl", unter die Wachstumsbedürfnisse des Kapitals. Deshalb ist es auch eine Hauptfrage, die Gewerkschaften auf Lohnleitlinien festzulegen, weil davon ihr "kostenneutrales Verhalten" abhängig ist, welches nach der bürgerlichen Theorie zu den Hauptfragen der Stabilität und des gleichgewichtigen Wachstums gehört. Es ist sicher kein Zufall, daß in der Wirtschaftspolitik Strauß am erklärten Haupthebel der Wirtschaftspolitik, der Finanzpolitik sitzt, während Schiller von der SPD Hauptakteur bei der Durchsetzung der Globalsteuerung der "konzertierten Aktion" ist. Mit dieser Vorstellung ist vor allem auch der Versuch verbunden, in der konkreten Aktion eine neue Gesellschaftsideologie ins Bewußtsein zu rücken (Unterordnung der "Gruppeninteressen" unter das "Gemeinwohl", Vertretung der eigenen Interessen ist gegen das "Gemeinwohl" gerichtet), bei der zwar bewußt nicht von "formierter Gesellschaft" gesprochen wird, aber eben die praktischen Schritte zu ihrer Verwirklichung getan werden.

Anmerkungen

1 Frankfurter Allgemeine Zeitung, Nr. 290/1966, S. 6
2 Ebenda

KATJA NEHLS

Die Internationalisierung des Wirtschaftslebens der kapitalistischen Länder und die langfristige Kapitalverflechtung Westdeutschlands mit dem Ausland

Die internationale Kapitalverflechtung der kapitalistischen Länder hat seit Mitte der fünfziger Jahre und insbesondere in den sechziger Jahren stark zugenommen. Darin kommt die zunehmende Internationalisierung der Wirtschaft der kapitalistischen Länder zum Ausdruck.

Die Kapitalverflechtung vollzieht sich auf der Grundlage von Kapitalbewegungen zwischen den Ländern des kapitalistischen Weltwirtschaftssystems.

Im folgenden soll versucht werden, die Stellung Westdeutschlands im System der langfristigen internationalen Kapitalverflechtung einzuschätzen und einige aktuelle Formen der internationalen Konzentrations- und Zentralisationsprozesse aufzuzeigen.

Die westdeutschen Kapitalbeziehungen zum Ausland haben sich seit Ende der fünfziger Jahre außerordentlich intensiviert. Das betrifft sowohl die Direktinvestitionen als auch die privaten und staatlichen Leihkapitalexporte. Die Zahl der Länder, mit denen Westdeutschland kapitalmäßig verflochten ist, oder in die es einseitig Kapital exportiert, hat sich bedeutend erhöht.

Ende der fünfziger und zu Beginn der sechziger Jahre entstanden eine Reihe neuer innerer und äußerer Bedingungen sowie ökonomischer und politischer Faktoren für die Entwicklung der Kapitalbeziehungen Westdeutschlands mit dem Ausland. Dazu gehören solche Bedingungen wie die Veränderung der Kräfteverhältnisse in der Welt zugunsten des Sozialismus und der nationalen Befreiungsbewegung in den kolonialen und abhängigen Ländern, die Wiedererstarkung des deutschen Imperialismus in ökonomischer Hinsicht und der sich vertiefende Widerspruch zwischen seiner ökonomischen Stärke und seinem begrenzten politischen Einfluß, die Bildung der beiden westeuropäischen Wirtschaftsblöcke EWG und EFTA und der Übergang der imperialistischen Mächte zur verstärkten und koordinierten neokolonialistischen Expansion, die Einführung der Ausländerkonvertibilität in Westeuropa und die Verschärfung der internationalen Liquiditätsprobleme durch die Unterhöhlung der Stellung der Leitwährungen.

Unter dem Einfluß dieser neuen Bedingungen und Faktoren, zu denen vor allem auch die sich seit Ende der fünfziger Jahre auch in Westdeutschland verstärkt durchsetzende wissenschaftlich-technische Revolution zählt, machten sich eine Reihe neuer Entwicklungstendenzen bemerkbar, die der intensiven Kapitalverflechtung Westdeutschlands mit dem Ausland ihr besonderes Gepräge geben.

Die Struktur der Gesamtkapitalexporte veränderte sich gegenüber der Vorperiode in der Richtung, daß die privaten Kapitalexporte ihren Anteil an den Gesamtkapitalexporten steigerten. Es erhöhte sich, damit im Zusammenhang stehend, der Anteil der hochentwickelten kapitalistischen Industrieländer an den westdeutschen Gesamtkapitalexporten auf Kosten des Anteils der ökonomisch schwachentwickelten Länder.

Die privaten Leihkapitalexporte nahmen stark zu, und die industriellen Kapitalexporte steigerten ihr durchschnittliches jährliches Wachstumstempo progressiv.

Die privaten Kapitalimporte Westdeutschlands stiegen schneller als die privaten Kapitalexporte. Läßt man die westdeutschen Vor- und Nachkriegsschulden und ihre Rückzahlung unberücksichtigt, so wurde Westdeutschland auf Grund der hohen privaten Kapitalimporte zum Nettokapitalimporteur gegenüber den hochentwickelten kapitalistischen Industrieländern.

Nach Angaben der Deutschen Bundesbank[1] betrugen die westdeutschen langfristigen Bruttokapitalexporte im Zeitraum 1959 bis 1966 insgesamt 26,6 Md. DM. Die gesamten langfristigen Bruttokapitalimporte betrugen im selben Zeitraum 23,6 Md. DM.

Es ergeben sich somit für diese Periode durchschnittliche jährliche Kapitalexporte in einer

Größenordnung von 3,3 Md. DM und durchschnittliche jährliche Kapitalimporte in einer Größenordnung von 2,9 Md. DM[2]. Westdeutschland ist also in geringem Ausmaß Nettokapitalexporteur.

Wesentlich für die Beurteilung der Stellung Westdeutschlands im System der langfristigen internationalen Kapitalbeziehungen ist die Untersuchung der einzelnen Komponenten seiner langfristigen Auslandskapitalbeziehungen, ihres Gewichts innerhalb der Gesamtkapitalexporte und -importe sowie ihrer regionalen und formalen Struktur.

Dabei ergibt sich als ein typisches Merkmal, daß von den Gesamtkapitalexporten der Periode nicht ganz die Hälfte - etwas über 13 Md. DM - auf private Kapitalexporte entfallen, während die Kapitalimporte in Höhe von insgesamt 23,6 Md. DM ausschließlich aus privaten Anlagen bestehen.

Als Schlußfolgerung daraus ergibt sich, daß Westdeutschland im Bereich des langfristigen privaten Kapitalverkehrs in beachtlichem Ausmaß Nettok a p i t a l i m p o r t e u r ist. Die hohen Kapitalimporte im privaten Bereich werden durch langfristige staatliche Kapitalexporte und Schuldentilgungen überkompensiert.

Die staatlichen Kapitalexporte dienen der neokolonialistischen Expansion und der Stützung des kapitalistischen Weltwährungssystems. Sie bestehen aus Krediten an Entwicklungsländer, Beteiligungen und Krediten für internationale Organisationen und vorfristigen Rückzahlungen von Auslandsschulden.

Die Zunahme der langfristigen westdeutschen staatlichen Kapitalexporte betrug in den Jahren 1958 - 1966 nach der westdeutschen Kapitalverkehrsstatistik insgesamt 13 886 Mill. DM. Dazu kommen die in den Währungsreserven als beschränkt verwendbare Auslandsforderungen ausgewiesenen Beträge sowie die Kredite im Rahmen der allgemeinen Kreditvereinbarung. Der Stand dieser Kapitalexporte betrug 1966 3 264 Mill. DM. Insgesamt wurden demnach in den Jahren 1958 bis 1966 im jährlichen Durchschnitt rund 2 Md. DM staatliches Kapital exportiert. Die westdeutschen langfristigen Auslandsverbindlichkeiten (staatliche) verringerten sich im gleichen Zeitraum um 6 839 Mill. DM, so daß insgesamt in den 9 Jahren von 1958 bis 1966 23 989 Mill. DM. staatliches Kapital ins Ausland floß. Als jährlicher Durchschnitt berechnet betrug der Saldo des langfristigen staatlichen Kapitalsverkehrs 2,7 Md. DM. Rund 6 Md. DM entfielen auf Sondertransaktionen, d.h. auf vorfristige Rückzahlung von Schulden und Erhöhungen der westdeutschen Quoten beim Internationalen Währungsfonds und bei der Weltbank sowie auf den Milliardenkredit der Bundesbank an die Weltbank.

Staatliche Kapitalimporte spielen bei Westdeutschland faktisch keine Rolle. Die öffentliche Auslandsverschuldung der Bundesrepublik machte Ende 1966 nur noch etwas über 3 Md. DM aus oder knapp 4 Prozent der gesamten öffentlichen Verschuldung gegenüber 18 Prozent 1956. Die öffentlichen Haushalte nahmen praktisch im Ausland keine Schulden auf, sondern bauten die Schulden aus der Vor- und Nachkriegszeit ab.

Sieht man von den Verpflichtungen des Bonner Staates bei den einseitigen Übertragungen ab, so ist er im Kapitalverkehr mit dem Ausland in beachtlichem Maße Nettokapitalexporteur und Gläubiger. Während er bisher keine neuen Anleihen im Ausland aufnahm, wurde er zum Hauptgläubiger des Internationalen Währungsfonds und verfügt seit dem dritten Quartal 1964 über die höchste Reserveposition im Fonds. Er gehört zu den Hauptgläubigern der Weltbank und ihrer Schwesterorganisationen und steht an vierter Stelle bei der sogenannten öffentlichen Entwicklungshilfe.

Ein weiteres Charakteristikum der langfristigen westdeutschen Kapitalverflechtung mit dem kapitalistischen Weltmarkt besteht darin, daß privates Kapital aus den imperialistischen Industrieländern importiert und vorwiegend staatliches Kapital in die schwachentwickelten Länder exportiert wird.

Diese eigenartige formale und regionale Struktur der westdeutschen Kapitalverflechtung mit dem Ausland ist wesentlich durch die Stellung Westdeutschlands im imperialistischen System bedingt, durch den Widerspruch zwischen dem bedeutenden ökonomischen Potential der Bundesrepublik als zweitstärkster imperialistischer Industrie- und Handelsmacht und ihrem beschränkten politischen Einfluß.

Die westdeutsche Außenwirtschaftspolitik, darunter auch die Kapitalexportpolitik, ist unter anderem dadurch gekennzeichnet, daß sie durch ökonomische und finanzielle Zugeständnisse an die USA deren Unterstützung bei der Verfolgung eigener Hegemonieabsichten in Deutschland und Europa zu erlangen versucht.

So ist nicht nur die westdeutsche Zahlungsbilanz im ganzen durch hohe politische Zahlungen belastet, die überwiegend durch Überschüsse beim Warenexport finanziert werden müssen, sondern auch ein großer Teil der Kapitalexporte ist unmittelbar politisch bedingt. Das gilt hauptsächlich für die staatlichen Kapitalexporte in Gestalt der Kredite an Entwicklungsländer sowie für die Kredite und Beteiligungen für internationale Organisationen. Die USA nutzen die wachsende ökonomische Stärke Westdeutschlands in zunehmendem Maße zur finanziellen Unterstützung ihrer eigenen Expansionsbestrebungen auf ökonomischem, politischem und militärischem Gebiet aus.

Beispiele für derartig motivierte Kapitalexporte sind die westdeutschen "Entwicklungs"-kredite an reaktionäre, den USA hörige Regierungen in Südostasien, die Kredite zur Stützung des kapitalistischen Weltwährungssystems, insbesondere des USA-Dollars, die aus gleichem Anlaß erfolgten vorzeitigen Schuldenrückzahlungen an die USA, die Steigerung der finanziellen Entwicklungshilfe und anderes mehr. So griff beispielsweise der Internationale Währungsfonds ab 1964 bei der Finanzierung des amerikanischen Zahlungsbilanzdefizits hauptsächlich auf die westdeutsche Währung zurück, mit dem Ergebnis, daß die westdeutsche Reserveposition im Währungsfonds bis Ende 1966 auf 1 257 Mill. Dollar stieg, während die der USA zum gleichen Zeitpunkt auf 326 Mill. Dollar abgesunken war.

Natürlich verfolgt Westdeutschland mit den staatlichen Kapitalexporten, insbesondere mit den bilateralen Kapitalhilfen an die Entwicklungsländer, auch unmittelbare eigene Interessen hinsichtlich der Festigung seiner Positionen auf den Märkten und in der Wirtschaft dieser Länder und hinsichtlich eigener politischer Interessen. Aber Formen und Ausmaß der staatlichen westdeutschen Kapitalleistungen an das Ausland werden zunehmend durch die politische Bindung an die USA bestimmt.

Auf der anderen Seite behindert die westdeutsche Regierung in keiner Weise - ebenfalls vorwiegend aus politischen Erwägungen - das Eindringen der amerikanischen Konzerne nach Westdeutschland. Sie fördert sogar z.B. durch die Steuerpolitik die Kapitalanlagen der USA-Konzerne in Westdeutschland oft entgegen den Konkurrenzinteressen der westdeutschen Monopolbourgeoisie.

Ende 1966 betrug der Stand der amerikanischen Direktinvestitionen in Westdeutschland zu Buchwerten etwa 12 Md. DM. Die amerikanischen Direktinvestitionen machen etwa 40 Prozent aller westdeutschen Kapitalimporte in dieser Form aus.

Auch die hohen Kapitalimporte Westdeutschlands aus den kapitalistischen Industrieländern hängen also zu einem beachtlichen Teil mit der Stellung Westdeutschlands im imperialistischen System als Hauptverbündetem der USA in Europa zusammen. Die westdeutschen Konzerne ihrerseits versuchen, durch eine verstärkte und staatlich geförderte innerwestdeutsche und interwesteuropäische Konzentration und Zentralisation dem Konkurrenzdruck der vordringenden USA-Konzerne zu widerstehen. So richten sich über die Hälfte der westdeutschen langfristigen privaten Kapitalexporte in Form von Direktinvestitionen auf die EWG- und EFTA-Länder.

Die folgende Tabelle gibt einen Einblick in die regionale Struktur der langfristigen privaten westdeutschen Kapitalverflechtung mit den kapitalistischen Industrieländern.

Nach dieser Tabelle fand in den Jahren 1963 - 1966 im Bereich des privaten Kapitalverkehrs mit den kapitalistischen Industrieländern ein Nettokapitalimport von 7 247 Mill. DM statt, d.h. der private Kapitalimport betrug fast das Doppelte des westdeutschen Kapitalexports.

Der Hauptteil der westdeutschen Kapitalexporte in den Jahren 1963 - 1966 ging in die EWG-Länder und die kontinentalen EFTA-Länder, nämlich 32,2 Prozent bzw. 21,5 Prozent. 9,5 Prozent entfielen auf die USA und 2,5 Prozent auf Großbritannien.

Von der Gesamtzunahme des westdeutschen langfristigen privaten Kapitalimports in

Tabelle 1

	Westdeutsche langfristige private Nettokapitalanlagen im Ausland 1963-1966 gesamt Mill. DM	Prozent	Ausländische langfristige private Nettokapitalanlagen in Westdeutschland 1963-1966 gesamt Mill. DM	Prozent
Alle Länder	7 943	100	15 190	100
EWG	2 550	32,2	4 682	31,3
EFTA	1 906	24	4 959	33,3
darunter				
Großbritannien	157	2,5	1 422	9,5
USA	752	9,5	4 160	26,6

Quelle: berechnet nach: Monatsberichte der Deutschen Bundesbank, Juni 1967, S. 46 f.

den Jahren 1963 bis 1966 entfielen 31,3 Prozent auf die EWG-Länder, 33,3 Prozent auf die EFTA-Länder, darunter auf Großbritannien 9,5 Prozent, und 26,6 Prozent auf die USA.

Am wenigsten ausgeglichen ist somit die langfristige private Kapitalbilanz Westdeutschlands mit Großbritannien und den USA. Mit diesen beiden größten Kapitalexportländern ist die Kapitalverflechtung Westdeutschlands im langfristigen privaten Kapitalverkehr überwiegend einseitig. Mit den übrigen EFTA-Ländern und den EWG-Ländern ist sie weniger einseitig. Auf diese Länder entfallen 53,7 Prozent des westdeutschen privaten langfristigen Kapitalexports und 55,1 Prozent des Kapitalimports.

Die Nettokapitalimporte[3] aus den EWG-Ländern, den EFTA-Ländern und den USA zusammengenommen waren in den Jahren 1963 bis 1966 mit 8 593 Mill. DM noch um 1 346 Mill. DM höher als die Nettokapitalimporte insgesamt, die sich, alle Länder einbegriffen, auf 7 247 Mill. DM beliefen.

Das bedeutet unter Zahlungsbilanzgesichtspunkten, daß mit den Nettokapitalimporten aus den kapitalistischen Industrieländern noch Kapitalexporte in die Entwicklungsländer finanziert werden. Die höchsten Nettokapitalimporte erfolgten in den betreffenden Jahren aus den USA (3 408 Mill. DM). Es folgten die EFTA-Länder mit 3 053 Mill. DM, darunter Großbritannien mit 1 265 Mill. DM, und die EWG-Länder mit 2 132 Mill. DM.

Die formale Struktur des westdeutschen langfristigen privaten Kapitalverkehrs wird durch das Übergewicht der Direktinvestitionen[4] charakterisiert.

Vom gesamten langfristigen privaten Kapitalexport in den Jahren 1960 - 1966 in Höhe von rund 12 Md. DM entfielen auf Direktinvestitionen 6,7 Md. DM; 2,6 Md. DM entfielen auf Portfolioinvestitionen und 2,4 Md. DM auf Darlehen und Kredite. Mit anderen Worten: 6,7 Md. DM wurden als industrielles und Zirkulationskapital exportiert und 5 Md. als Leihkapital.[5] Bei den Kapitalimporten der betreffenden Jahre in Höhe von 23 Md. DM entfallen 13 Md. DM auf Direktinvestitionen, 6,5 Md. DM auf Portfolioinvestitionen und 3,8 Md. DM auf Darlehen und Kredite.[6] Von dem in Westdeutschland angelegten Kapital entfielen somit 13 Md. DM auf industrielles und Zirkulationskapital und 10,2 Md. DM auf Leihkapital.

Der Stand der westdeutschen Direktinvestitionen im Ausland erreichte 1966 ohne reinvestierte Profite rund 10 Md. DM.[7] In der zehnjährigen Periode 1952 bis 1961 wuchsen die westdeutschen Direktinvestitionen um 3,8 Md. DM. In den drei Jahren von 1962 bis 1964 wuchsen sie um weitere 3,4 Md. DM und in den drei Jahren von 1965 bis 1967 um rund 5 Md. DM. Es fand also in den sechziger Jahren eine zunehmende Beschleunigung des Zuwachstempos der Direktinvestitionen statt.

Etwa ein Drittel der westdeutschen Direktinvestitionen befindet sich in Entwicklungsländern und zwei Drittel in den hochentwickelten kapitalistischen Industrieländern. Schwerpunkte bilden die EWG-Länder und die kontinentalen EFTA-Länder. Die höchsten westdeutschen Direktinvestitionen weisen unter den EWG-Ländern Frankreich und Belgien und unter den EFTA-Ländern die Schweiz auf. Sie stand Ende 1966 weit an der Spitze aller Länder, in die von Westdeutschland aus Direktinvestitionen vorgenommen wurden. Unter den außereuropäischen Industrieländern stellt Kanada einen besonderen Schwerpunkt für westdeutsche Direktinvestitionen dar. Der hohe Anteil der Schweiz und Kanadas an den westdeutschen Direktinvestitionen ergibt sich unter anderem daraus, daß diese beiden Länder aus einer Reihe von Gründen, vor allem wegen Steuervorteilen, von den westdeutschen Konzernen für die Errichtung von Holding-Gesellschaften bevorzugt werden. Zum Beispiel übertrug der Mannesmann-Konzern große Teile seines Auslandsvermögens einer kanadischen Holding-Gesellschaft. Ein großer Teil der Kapitalien, die den westdeutschen Holding-Gesellschaften in der Schweiz und in Kanada zufließen, werden von diesen wiederum in Entwicklungsländern, vor allem in Südamerika, investiert.

Westdeutsche Direktinvestitionen gingen in über 70 Entwicklungsländer. Jedoch konzentrieren sich fast drei Viertel aller westdeutschen Direktinvestitionen in Entwicklungsländern auf 11 Länder. Es sind dies in Afrika: Algerien, Liberia und Libyen; in Mittelamerika: die Niederländischen Antillen, Mexiko und Panama; in Südamerika: Brasilien und Argentinien; in Asien: Indien, Iran und Pakistan; in Europa: Spanien, Portugal, Griechenland und Irland.

Der Hauptteil der westdeutschen Direktinvestitionen in den Entwicklungsländern konzentriert sich auf die süd- und mittelamerikanischen Länder, vor allem auf Brasilien und Argentinien.

Zusammenfassend kann man sagen, daß die westdeutschen Direktinvestitionen sich bei sehr breiter regionaler Streuung über 97 Länder in allen fünf Erdteilen auf einige wenige Länder konzentrieren. Auf die Schweiz, Brasilien, Kanada und Frankreich entfallen etwa 45 Prozent der Gesamtsumme. Auf sechs Länder - außer den vier erwähnten noch Belgien und die USA - entfallen 60 Prozent und auf weitere acht - Italien, Österreich, Argentinien, Spanien, Niederlande, Großbritannien, Australien und Indien - über 20 Prozent, so daß auf zusammen 14 Länder rund 80 Prozent der gesamten Direktinvestitionen entfallen.

Der Hauptteil der westdeutschen Direktinvestitionen im Ausland wird von einer beschränkten Zahl von Großunternehmen vorgenommen. 37 Prozent der Gesamtinvestitionen des Standes von 1964 entfielen auf nur 9 Unternehmen. Auf 24 Unternehmen von insgesamt 5 100 Unternehmen entfielen 52 Prozent.[8]

Über zwei Drittel der westdeutschen Direktinvestitionen erfolgen als Beteiligungen. Mehrheitsbeteiligungen machen die Hälfte der Gesamtinvestitionen aus. Rund ein Viertel besteht aus Darlehen an Tochtergesellschaften und etwa 8 Prozent entfallen auf die Kapitalausstattung rechtlich unselbständiger Niederlassungen. Bei der Kapitalaufbringung spielt die Kreditaufnahme im Ausland im Unterschied zu den amerikanischen Direktinvestitionen eine geringe Rolle.[9]

Es sind vor allem die westdeutschen Chemiekonzerne, die Elektro- und Automobilkonzerne sowie die Montankonzerne, die bedeutende Direktinvestitionen im Ausland vornehmen. Über die Hälfte der westdeutschen Direktinvestitionen entfallen (nach Kapitalinvestoren) auf die Investitionsgüterindustrie, insbesondere die Zweige Eisen- und Stahlerzeugung, Maschinen-, Fahrzeug- und Traktorenbau, Elektrotechnik und Elektronik, chemische Industrie und Feinmechanik-Optik.

Belgien, Brasilien und Argentinien verfügen über die höchsten Anlagen der westdeutschen bzw. der in Westdeutschland ansässigen ausländischen Autoindustrie. Die Elektroindustrie investierte vor allem in Brasilien, der Schweiz und Frankreich. Anlagen der chemischen Industrie befinden sich vorzugsweise in Brasilien, den USA, Frankreich und der Schweiz. Die Anlagen der chemischen Industrie in Kanada und der Schweiz sind ebenfalls weitgehend durch Holding-Gesellschaften bestimmt.

Eine Reihe großer westdeutscher Gesellschaften geriet in den letzten Jahren unter ausländische, vorwiegend amerikanische Kontrolle, so die Gewerkschaft Elwerrath, die

Aral-AG, die Deutsche Erdöl AG u.a. Die Direktinvestitionen dieser Gesellschaften im Ausland, ebenso wie diejenigen der in Westdeutschland ansässigen Tochtergesellschaften der großen Auslandskonzerne, die von der westdeutschen Statistik nicht gesondert ausgewiesen werden, sind praktisch keine westdeutschen Auslandsinvestitionen. Mit der zunehmenden Auslandskontrolle über die westdeutsche Industrie nimmt auch der Teil ihres Kapitalexports, der vom Ausland kontrolliert wird, zu.

Die tatsächliche Höhe der ausländischen Direktinvestitionen in Westdeutschland ist bisher nicht exakt festzustellen. Nach Berechnungen der Deutschen Bank betrugen die ausländischen Vermögensanlagen in der Bundesrepublik 1966 60 Md. DM.[10] In seinem Bericht Nr. 11, 1963 schätzt das Deutsche Wirtschaftsinstitut, Berlin, unter Berücksichtigung der Sekundärbeteiligungen und der GmbH die ausländische Kapitalkontrolle über das westdeutsche Nominalkapital nach dem Stand von 1960 bereits auf 28 bis 30 Prozent.[11] Nach einer Untersuchung der Deutschen Bundesbank[12] betrug die Höhe des ausländischen Beteiligungskapitals,zu Nominalwerten berechnet, Ende 1966 14 Md. DM. Wie in der Untersuchung betont wird, liegt dieser Wert weit unter den den tatsächlichen Stand der ausländischen Kapitalanlagen in Westdeutschland viel realer widerspiegelnden Substanz- oder Marktwerten, die aber statistisch nicht zu ermitteln sind. Zu den gesamten ausländischen Direktinvestitionen rechnen außer dem Nominalkapital die Rücklagen sowie sonstige Finanzierungsmittel. Um zu etwaigen Größenvorstellungen zu kommen, kann man von den vom USA Department of Commerce veröffentlichten Zahlen über die Direktinvestitionen der USA im Ausland, die zu Buchwerten bewertet werden und außer den Grund- und Stammkapitalbeteiligungen auch Rücklagen und sonstige Finanzierungsmittel umfassen, ausgehen. Nach dieser Quelle ergab sich für Ende 1966 ein Stand von 12 bis 13 Md. DM amerikanischer Direktinvestitionen in Westdeutschland. Demgegenüber werden die amerikanischen Beteiligungen am Nominalkapital für Ende 1966 in der Untersuchung der Bundesbank nur mit 5,6 Md. DM bewertet. Das sind nur rund 43 Prozent der zu Buchwerten ausgewiesenen Direktinvestitionen. Wenn man diese Relationen auf die von der Bundesbank ermittelten gesamten Auslandsbeteiligungen zu Nominalwerten in Höhe von rund 14 Md. DM überträgt, so ergäbe sich ein Stand der ausländischen Direktinvestitionen zu Buchwerten für Ende 1966 in Höhe von 32,6 Md. DM.

So unterschiedlich die angeführten Schätzungen auch sind, deuten sie doch darauf hin, daß sich die Durchdringung Westdeutschlands mit ausländischem Kapital gegenüber der Zwischenkriegsperiode stark intensiviert hat.

Das Schwergewicht der ausländischen Direktinvestitionen liegt bei den Tochtergesellschaften der großen internationalen Konzerne. Diese Tochtergesellschaften nehmen selbst in Westdeutschland eine monopolartige Stellung ein und erweitern ihren Einfluß ständig durch den Aufbau von Beteiligungssystemen und den Aufkauf westdeutscher Unternehmen. 31 von den 100 größten Industrieunternehmen und Konzernen in Westdeutschland sind Tochtergesellschaften großer ausländischer Konzerne, die gleichzeitig zu den größten internationalen Monopolen gehören, wie die General Motors Corp., Detroit, die Standard Oil Co. of New Jersey, New York; die Ford Motor Comp., Dearborn/Michigan; die Royal Dutch-Shell, London und den Haag; der Unilever-Konzern, London und Rotterdam; die British Petroleum Co. Ltd., London; der ARBED-Konzern, Luxemburg; die Brown-Boveri & Cie, Basel; der AKU-Konzern, Holland, u.a. Neben diesen gingen in den letzten Jahren eine Reihe weiterer großer ausländischer Monopole dazu über, ihre Anlagen in Westdeutschland auszubauen oder neue zu errichten. Dazu gehören der Philips-Konzern (Niederlande), der Standard-Electric-Konzern (USA), der Socony Mobil-Oil-Konzern sowie andere amerikanische Ölkonzerne, der Britisch-American-Tabacco-Konzern, die Solvay-Gruppe (Belgien), der IBM-Konzern (USA), der Nestlé-Konzern (Schweiz), die Corn-Products-Gruppe (UA) usw.

Das in Westdeutschland operierende ausländische Kapital weist einen viel stärkeren Konzentrations- und Zentralisationsgrad auf als das im Ausland angelegte westdeutsche Kapital: Rund 80 Prozent des gesamten an westdeutschen Unternehmen beteiligten ausländischen Kapitals entfiel nach dem Stand von 1965 auf 2 508 Tochtergesellschaften ausländischer Konzerne, d.h. auf Unternehmen, bei denen der ausländische Anteil am Nominalkapital über 90 Prozent betrug. Auf Mehrheitsbeteiligungen entfielen fast 90 Prozent des Auslandskapitals und auf Minderheitsbeteiligungen nur 2,8 Prozent.[13]

Über 90 Prozent des gesamten ausländischen Beteiligungskapitals stammen aus nur 6 Ländern: USA (38,2 Prozent), Niederlande (17,0 Prozent), Schweiz (13,4 Prozent), Großbritannien (10,0 Prozent), Frankreich (6,5 Prozent) und Belgien (5,2 Prozent).[14]

Die westdeutsche Mineralölverarbeitung und Kohlewertstofferzeugung wird nahezu vollständig vom ausländischen Kapital kontrolliert.[15] Auf 21 Kapitalgesellschaften mit ausländischer Beteiligung konzentrierten sich Ende 1965 rund 90 Prozent des Nominalkapitals aller Kapitalgesellschaften des Zweiges. Vorherrschend ist hier der Einfluß der großen amerikanischen, britisch-holländischen und britischen Erdölkonzerne, deren westdeutsche Tochtergesellschaften selbst große Konzerne darstellen, die nicht nur die Verarbeitung, sondern auch die Förderung, den Transport und den Vertrieb von Erdöl zunehmend monopolisieren. 1965 besaßen die Esso AG, Hamburg, die Deutsche Shell AG, Hamburg, die BP Benzin und Petroleum AG, Hamburg, die Mobil Oil AG in Deutschland, Hamburg und Caltex GmbH, Hannover, zusammen ein Nominalkapital von 1 975 Mill. DM, eine Raffineriekapazität von 55 Mill. t und einen Anteil an der westdeutschen Gesamtkapazität von 67,7 Prozent.[16] Der Anteil dieser fünf Tochtergesellschaften der großen internationalen Erdölkonzerne am gesamten Nominalkapital aller 80 Kapitalgesellschaften der Mineralölverarbeitung und Kohlewertstoffindustrie nach dem Stand von Ende 1965 betrug rund 78 Prozent.

In den Zweigen Stahlbau, Maschinenbau, Fahrzeugbau, Schiffsbau und EBM-Waren sind vor allem amerikanische, schweizerische und schwedische Konzerne engagiert. Ende 1965 gab es in diesen Zweigen 329 Kapitalgesellschaften mit ausländischer Beteiligung. Das sind 8,2 Prozent aller Kapitalgesellschaften dieser Zweige. Auf diese 8,2 Prozent der Gesellschaften entfielen Ende 1965 rund 26 Prozent des Nominalkapitals aller Kapitalgesellschaften dieser Zweige. Auch aus diesen Relationen wird die Konzentration des Auslandskapitals auf Großunternehmen deutlich. Tochtergesellschaften großer ausländischer Konzerne, die beachtliche Markt- und Produktionsanteile in Westdeutschland besitzen, befinden sich vor allem im Automobil- und Fahrzeugbau, im Landmaschinenbau, im Werkzeugbau, im Nähmaschinenbau, im allgemeinen Maschinenbau, in der Büromaschinenproduktion, der Kugellagerfabrikation und in der Verpackungsindustrie.

An dritter Stelle unter den Industriezweigen, in denen ein beachtlicher Auslandseinfluß vorliegt, steht die Nahrungs- und Genußmittelindustrie. In diesem Zweig gab es 1965 143 Kapitalgesellschaften mit ausländischer Beteiligung. Das sind 6,4 Prozent aller Kapitalgesellschaften des Zweiges. Auf diese 6,4 Prozent ausländisch kontrollierter Kapitalgesellschaften entfielen rund 43 Prozent des Nominalkapitals aller Kapitalgesellschaften des Zweiges. Der Hauptteil der Auslandsbeteiligungen entfällt hier auf niederländische, schweizerische, amerikanische und britische Konzerne, die über wesentliche Produktions- und Marktanteile in der westdeutschen Margarine-, Zigaretten-, Süßwaren- und Feinfrostproduktion sowie bei Molkereiprodukten verfügen.

In der Petrolchemie gründeten die großen westdeutschen Tochtergesellschaften der internationalen Erdölkonzerne zusammen mit Gesellschaften des IG-Farben-Konzerns einige bedeutende Werke auf einer Beteiligungsbasis von 50 zu 50 Prozent. In der Kunststoffproduktion sind vor allem amerikanische Konzerne vertreten. In der westdeutschen Chemiefaserproduktion hat der vom niederländischen AKU-Konzern kontrollierte Glanzstoffkonzern neben den IG-Farben-Stammgesellschaften die größten Anteile. Daneben sind amerikanische, britische, französische und schweizerische Konzerne maßgeblich an wichtigen Gesellschaften der Chemiefaserproduktion beteiligt. Neben der Erdölchemie, der Kunststoff- und Kunstfasererzeugung sind im Bereich der chemischen Industrie die pharmazeutische und kosmetische Industrie als Industrien mit dem höchsten Auslandseinfluß zu nennen.

In den Zweigen Elektrotechnik, Feinmechanik, Optik, Musikinstrumente, Sport-, Spiel- und Schmuckwaren gab es 1965 301 Kapitalgesellschaften mit ausländischer Beteiligung. Das sind 9,3 Prozent aller Kapitalgesellschaften dieser Branchen. Sie verfügten über 23 Prozent des Nominalkapitals der Kapitalgesellschaften aus diesen Branchen. In der elektrotechnischen Industrie stehen vier von den zehn größten Konzernen vollständig unter dem Einfluß großer luxemburgischer, niederländischer und Schweizer Konzerne. Eine Reihe kleinerer ausländischer Gesellschaften gründete Tochtergesellschaften in Westdeutschland oder kaufte Unternehmen auf. Ferner bestehen ausländische Minderheitsbeteiligungen an so bedeutenden westdeutschen Konzernen wie der AEG, der Osram GmbH und der Continental Elektroindustrie AG. In der feinmechanischen-optischen Industrie sind vor allem zwei Tochtergesellschaften amerikanischer Konzerne zu nennen, die zu den führenden Unternehmen des Zweiges gehören. Es sind dies die Kodak AG, Stuttgart, und die Adox-Fotowerke Dr. C. Schleussner GmbH, Frankfurt/M.

Geht man vom Kriterium des Anteils des ausländischen Beteiligungskapitals am Nominalkapital der westdeutschen Kapitalgesellschaften aus, so sind die Mineralölverarbeitung und Kohlewertstofferzeugung mit 90 Prozent, der Stahlbau, Maschinen-, Schiffs- und Fahrzeugbau, die EBM-Waren-Industrie mit 26 Prozent, die Nahrungs- und Genußmittelindustrie mit 43 Prozent, die Elektrotechnik, Feinmechanik/Optik, Musikinstrumente-, Sport-, Spiel- und Schmuckwarenindustrie mit zusammen 23 Prozent und der Handel mit 19 Prozent nach dem Stand von Ende 1964 diejenigen Bereiche mit dem stärksten ausländischen Einfluß. Jedoch spiegeln die Anteile des ausländischen Kapitals am gesamten Nominalkapital der einzelnen Bereiche den tatsächlichen Einfluß des Auslandskapitals nur ungenügend wider, vor allem aus drei Gründen. Erstens sind die Bereiche zu umfassend, zweitens werden nur die direkten Auslandsbeteiligungen erfaßt und nicht die indirekten Beteiligungen über westdeutsche Gesellschaften unter ausländischer Kontrolle, und drittens wird die qualitative Gewichtung einzelner Branchen ungenügend berücksichtigt. Die starke bzw. dominierende Stellung der ausländischen Konzerne in so entscheidenden Zweigen wie der Petrolchemie, der Kunstfaserindustrie, der modernen Büromaschinenindustrie und der Herstellung elektronischer Datenverarbeitungsanlagen kommt nicht zum Ausdruck.

Westdeutschland ist bisher auch auf dem Gebiet des langfristigen privaten Leihkapitalverkehrs in beachtlichem Ausmaß Nettokapitalimporteur: Der Zuwachs der westdeutschen Kapitalexporte in Form von Portfolioinvestitionen betrug in den Jahren 1960 bis 1966 rund 2,6 Md. DM und der Zuwachs der entsprechenden Kapitalimporte rund 6,5 Md. DM. Etwa zwei Drittel der Kapitalexporte sowie auch der Kapitalimporte in Form von Portfolioinvestitionen entfielen auf festverzinsliche Wertpapiere. Dabei handelt es sich vorwiegend nicht um Anleihekapitalexport bzw. -import in dem Sinne, daß ausländische Schuldner in Westdeutschland oder westdeutsche Schuldner an ausländischen Kapitalmärkten Anleihen emittieren.

Bei den westdeutschen Kapitalimporten über festverzinsliche Wertpapiere handelt es sich überwiegend um ausländische Käufe von Anleihen eines westdeutschen Schuldners (Staat, Unternehmen usw.), die am westdeutschen Kapitalmarkt emittiert werden. Insgesamt wurden nur einige wenige private Anleihen von westdeutschen Unternehmen im Betrage von 600 Mill. DM im Ausland aufgenommen. Sie wurden sämtlich in der Schweiz aufgelegt. Bei den westdeutschen Kapitalexporten liegen die Verhältnisse ähnlich. In Westdeutschland wurden bis 1966 insgesamt für über 3,6 Md. DM Auslandsanleihen emittiert. Aber nur ein Teil davon wurde in Westdeutschland selbst untergebracht.

Auch beim Kapitalverkehr mit längerfristigen Krediten und Darlehen übersteigen die Kapitalimporte Westdeutschlands seine Kapitalexporte. Nach Angaben der Deutschen Bundesbank betrugen die Nettokapitalexporte über Kredite und Darlehen ohne Direktinvestitionen in den Jahren 1960 bis 1962 2,4 Md. DM und die Kapitalimporte 3,8 Md. DM.[17]

Insgesamt floß so dem westdeutschen Staat und den in Westdeutschland ansässigen Unternehmen in den Jahren 1960 bis 1966 Leihkapital in Form von Portfolioinvestitionen und langfristigen Krediten in Höhe von 5,4 Md. DM aus dem Ausland zu.

Eine bedeutsame Veränderung auf dem Gebiet des langfristigen privaten Leihkapitalserkehrs mit dem Ausland ergab sich in den letzten drei Jahren 1964 bis 1966.

Insgesamt überstieg in diesen drei Jahren der Leihkapitalexport in Höhe von rund 3 Md. DM den Leihkapitalimport von rund 2,4 Md. DM um etwa 0,6 Md. DM.[18] Es entstand auf dem Gebiet des langfristigen privaten Leihkapitalverkehrs mit dem Ausland eine geringfügige westdeutsche Gläubigerposition gegenüber einer relativ ausgeprägten Schuldnerposition (den Gesamtzeitraum betrachtet).

Dabei verlief die Entwicklung der einzelnen Formen des Leihkapitalverkehrs unterschiedlich. Während die westdeutschen Kapitalexporte in Form von Portfolioinvestitionen insgesamt in den drei Jahren die entsprechenden Kapitalimporte um rund 2,1 Md. DM überstiegen, nahmen die Kapitalimporte über Kredite und Darlehen mit rund 2,7 Md. DM beschleunigt zu und überstiegen die Kapitalexporte in dieser Form um rund 1,5 Md. DM.

Gleichzeitig nahmen die Kapitalimporte in Form von Aktienkäufen sowie in Form von Krediten und Darlehen für Zwecke der ausländischen Direktinvestitionen stark zu.

Diese Veränderungen hängen weitgehend mit den staatsmonopolistischen Maßnahmen zur Regulierung des Kapitalverkehrs mit dem Ausland in den USA und Westeuropa, insbesondere in Westdeutschland, zusammen. Um das Defizit der Zahlungsbilanz einzudämmen, ergriff die Regierung der USA eine Reihe von Maßnahmen zur Beschränkung des Kapitalexports. Der Auftakt dazu war die Zinsausgleichssteuer. Zur Stützung der amerikanischen Politik der Beschränkung der Leihkapitalexporte sowie aus konjunkturpolitischen Gründen ergriff die westdeutsche Regierung Maßnahmen zur Beschränkung des Leihkapitalimports und kündigte im März 1964 eine 25prozentige Steuer auf Zinserträge aus im Besitz von Gebietsfremden befindlichen Wertpapieren inländischer Emittenten an, die am 28.3.1965 in Kraft trat. Vorher wurde diese Art von Kapitalimport durch die Steuerfreiheit der Zinserträge in Westdeutschland gefördert.

Im Ergebnis der Beschränkungen des amerikanischen Leihkapitalexports und des westdeutschen Portfoliokapitalimports fanden in den Jahren ab 1964 in verstärktem Maße Emissionen von Auslandsanleihen in Westdeutschland statt.

Die folgende Aufstellung zeigt die verstärkte Auflegung von Auslandsanleihen in den Jahren 1964 bis 1966 in Westdeutschland.

Tabelle 2.
Emission von Auslandsanleihen in Westdeutschland 1957 bis 1966 in Mill. DM

	Anleihen	Tilgung	Nettoabsatz	Nominalwert Mill. DM
1957	21,0	-	21,0	21,0
1958	92,0	-	92,0	92,0
1959	344,6	-	344,6	344,6
1960	44,8	-	44,8	44,8
1961	12,0	-	12,0	12,0
1962	100,0	3,5	96,5	100,0
1963	160,0	52,9	107,1	160,0
1964	895,0	4,7	890,3	895,0
1965	1 389,2	31,3	1 357,9	1 389,2
1966	658,9	36,5	622,4	658,9

Quelle: Geschäftsbericht der Deutschen Bundesbank für 1964, S. 167 f., sowie Monatsberichte Februar 1967, S. 76-78

Von 1964 bis 1966 werden über 2,9 Md. DM auf DM lautende Anleihen ausländischer Emittenten in Westdeutschland aufgelegt. Die Kuponsteuer bewirkte, daß die ausländische Nachfrage nach festverzinslichen Wertpapieren westdeutscher Emittenten zurückging und sich auf die von der Kuponsteuer ausgenommenen DM-Anleihen des Auslands konzentrierte.

Jedoch stellt nur ein Teil dieser Anleihen Kapitalexport dar: Von den 1964 in Westdeutschland abgesetzten Anleihen in Höhe von 895 Mill. DM wurden nur 353,1 Mill. DM in Westdeutschland untergebracht. 1965 wurden insgesamt Auslandsanleihen zu einem Nominalbetrag von 1 389,2 Mill. DM emittiert. Davon wurden 65 Prozent von Ausländern gekauft. Im Jahre 1966 wurden sieben DM-Anleihen für Ausländer in Westdeutschland zum Nominalwert von 658,9 Mill. DM aufgelegt, wovon 75 Prozent von Ausländern gezeichnet wurden.[19]

Die gleichen Ursachen, die in den letzten Jahren zu einem verstärkten westdeutschen Kapitalexport und Kapitaltransit auf dem Gebiet der Anleihen führten, riefen eine gegenläufige Entwicklung beim westdeutschen Leihkapitalverkehr über Kredite und Darlehen hervor. Hier fand eine beschleunigte Zunahme der Kapitalimporte statt, die die Entwicklung im Bereich der Anleihen weitgehend kompensierte. Maßgebend dafür war einmal, daß die westdeutschen Konzerne infolge restriktiver kreditpolitischer Maßnahmen im Inland verstärkt auf die Aufnahme von Krediten und Darlehen im Ausland auswichen, und daß sich ihre Nachfrage nach ausländischem Leihkapital infolge der Beschränkung des Wertpapierkapitalimports auf Darlehen und Kredite verlagerte. Darüber hinaus war für diese Entwicklung die Expansion der amerikanischen Konzerne in Westdeutschland und Westeuropa von Bedeutung.

Nach diesem Überblick über Umfang, Struktur und territoriale Aufgliederung des westdeutschen langfristigen Kapitalverkehrs mit dem Ausland seit Ende der fünfziger Jahre soll untersucht werden, inwiefern in der Kapitalverflechtung mit dem Ausland und ihren besonderen Merkmalen einige spezifische Züge des gegenwärtigen Konzentrations- und Zentralisationsprozesses im internationalen Bereich zum Ausdruck kommen und durch diesen Prozeß bestimmt werden.

Die verstärkten Kapitalimporte und -exporte der Bundesrepublik von und nach den hoch entwickelten kapitalistischen Industrieländern, d.h. ihre verstärkte internationale langfristige Kapitalverflechtung mit diesen Ländern sowie das Übergewicht der Direktinvestitionen beim privaten Kapitalexport und Kapitalimport, spiegeln die Intensivierung des internationalen Konzentrations- und Zentralisationsprozesses im Gefolge der technisch-wissenschaftlichen Revolution wider.

Die technisch-wissenschaftliche Revolution, die durch sie herbeigeführte höhere Stufe der Vergesellschaftung der Produktion stellt sich u.a. im Größenwachstum der Produktionsanlagen, in einer Konzentration der Produktion dar.

Die Produktionskonzentration geht einher mit der Zentralisation des Kapitals. Die gleichen materiell-technischen Bedingungen des Reproduktionsprozesses, die eine höhere Stufe der Konzentration bedingen, wie sie sich in der Großserienfertigung darstellt, erfordern einen höheren Grad der Spezialisierung, Kooperation und Kombination der Produktion, eine Zentralisation der Produktion in Großbetrieben mit technisch abhängigen Zuliefersystemen.

Die auf der modernen materiell-technischen Basis erforderliche Stufe der Konzentration und Zentralisation der Produktion und des Kapitals, der erforderliche Monopolisierungsgrad der Wirtschaft geht über die im nationalen Rahmen organisierten Produktivkräfte und Produktionsverhältnisse hinaus und erfordert die internationale Monopolisierung, um eine dem Grad der Konzentration und Zentralisation der Produktion entsprechende extensive und intensive Ausdehnung des Marktes und seine internationale Regulierung zu erreichen, die Ausbeutungsbedingungen zu internationalisieren und die für die Durchsetzung der technisch-wissenschaftlichen Revolution erforderliche Verteilung des Kapitals auf die Anlagesphären im internationalen Maßstab durchzusetzen. Die Kapitalverwertung erfordert auf der Grundlage der modernen Produktivkräfte die Internationalisierung der Profitbedingungen.

Gleichzeitig erweitert der wissenschaftlich-technische Fortschritt die Anlagesphären für industrielles Kapital in den hochentwickelten kapitalistischen Industrieländern sowie die technisch-ökonomischen Voraussetzungen für Direktinvestitionen, insbesondere durch die Ausdehnung und Verbesserung des Nachrichten- und Transportwesens und die zunehmende Diversifikation der Produktion. Auch der Neokolonialismus fördert die Tendenz zur Verstärkung der Direktinvestitionen. Neben Investitionen, die der Erschließung von Rohstoffvorkommen dienen, spielen Investitionen in die verarbeitende Industrie der Entwicklungsländer eine wachsende Rolle, um neue Absatzmärkte zu erschließen und die kapitalistische Ausbeutungsbasis in den schwachentwickelten Ländern zu verbreitern und zu vertiefen.

Jedoch führt die wissenschaftlich-technische Revolution überwiegend zu einer Konzentration der Direktinvestitionen auf gegenseitige Investitionen der hochentwickelten kapitalistischen Industrieländer untereinander.

Die Bedeutung, die heute den Direktinvestitionen im System der langfristigen Kapitalbeziehungen der imperialistischen Länder im allgemeinen zukommt, und die auch den langfristigen privaten Kapitalverkehr Westdeutschlands mit dem Ausland charakterisiert, ist vor allem Ausdruck des zunehmenden Gewichts der großen Monopole von internationaler Struktur. Ein solches Unternehmen hat sein Kapital auf eine Vielzahl von Ländern aufgeteilt. Es nimmt die verschiedensten nationalen Kapitalquellen in Anspruch. Es kann möglicherweise in allen Regionen des kapitalistischen Systems operieren. Es orientiert seine Tätigkeit an der weltweiten Aufteilung der Produktionsfaktoren. Es berücksichtigt die langfristige Entwicklung dieser Produktionsfaktoren und ihrer Verteilung in den verschiedenen Wirtschaftsgebieten des kapitalistischen Systems im Vergleich zu der voraussichtlichen Entwicklung der Welteinkommen und der Weltnachfrage.[20]

Über die Bedeutung dieser Tendenz zur Herausbildung von Unternehmen mit internationaler Struktur heißt es in einer Studie über die langfristige strategische Planifikation der großen multinationalen Gesellschaften:

> "Im Lichte der gegenwärtigen Tendenzen und der zukünftigen Perspektiven erscheint es keineswegs unmöglich, daß in 10 bis 20 Jahren sechs- oder siebenhundert der größten multinationalen Gesellschaften der Welt den größten Teil des Weltgeschäftes bewältigen."

An anderer Stelle heißt es:

> "Es scheint nicht übertrieben, wenn man feststellt, daß die gegenwärtige und zukünftige Entwicklung der multinationalen Gesellschaften eine der mächtigsten aktiven Kräfte in der Welt von heute ist. Diese Entwicklung ist besonders frappierend in den Gesellschaften, die zur Nordatlantischen Gemeinschaft gehören."[21]

Das zunehmende Gewicht der multinationalen Monopole schlägt sich in verstärkten gegenseitigen Direktinvestitionen der hochentwickelten kapitalistischen Länder nieder.

Die Hauptanlagesphären sind die sogenannten Wachstumsindustrien, die Erdölindustrie, die Autoindustrie, die elektronische und elektrotechnische Industrie sowie die chemische Industrie.

Unter dem Druck der amerikanischen Kapitalexportoffensive verstärkt sich der Konzentrations- und Zentralisationsprozeß in Westeuropa. Er vollzieht sich auf verschiedenen Wegen und Ebenen. Seine konkreten Formen werden durch die jeweiligen Kräfteverhältnisse im Konkurrenzkampf bestimmt.

Speziell zur Abwehr des amerikanischen Kapitals verstärkten sich in den letzten Jahren die interwesteuropäischen Zentralisationsvorgänge unter aktiver Beteiligung der westdeutschen Monopole.

Ein dominierendes Merkmal dieses Konkurrenzkampfes ist die finanzielle, organisatorische und wissenschaftlich-technische Überlegenheit der großen amerikanischen Monopole. Deshalb versuchen die führenden Monopole der westeuropäischen Länder durch Konzentration der Produktion und Zentralisation des Kapitals zunächst auf nationaler Ebene aber auch durch interwesteuropäische Zusammenschlüsse das Vordringen der amerikanischen Monopole abzuwehren.

Natürlich führt auch die Konkurrenz zwischen den großen westeuropäischen Monopolen untereinander sowie die Konkurrenz in- und ausländischer Monopolunternehmen innerhalb der einzelnen westeuropäischen Länder zu Zentralisationsvorgängen auf nationaler und internationaler Ebene.

So vollzieht sich seit einigen Jahren in allen Ländern der EWG ein mit staatlicher Hilfe forcierter Konzentrations- und Zentralisationsprozeß in erster Linie auf nationaler Ebene. Die in Westdeutschland 1964 einsetzende neue Zentralisationswelle führte zu einer Reihe von Fusionen der bedeutendsten Unternehmen innerhalb der einzelnen Konzernbereiche oder sogar zwischen verschiedenen Konzernen in der Eisen- und Stahlindustrie, dem Schiffsbau, der Elektroindustrie, der chemischen Industrie, im Maschinenbau und in der Automobilindustrie. Auch in den anderen EWG-Ländern und in Großbritannien fand ähnliches statt. Jedoch wird es bei diesen Zentralisationsvorgängen auf nationaler Ebene nicht bleiben. Sie sind nur die Vorbereitung der einzelnen nationalen Monopole auf einen noch schärferen Konkurrenzkampf, in dessen Gefolge sich auch verstärkte zwischenstaatliche Zentralisationen einstellen werden. Das liegt auf der Hand angesichts des höheren Monopolisierungsgrades der amerikanischen Industrie und der dominierenden Stellung der amerikanischen Konzerne in den Wachstumszweigen der kapitalistischen Weltindustrieproduktion.

So erreichen z.B. nach Angaben des "Volkswirt" alle westdeutschen Automobilproduzenten zusammengenommen auf dem EWG-Markt weniger Absatz- und Produktionsanteile als sie General Motors auf dem USA-Markt besitzt.

Um einen vergleichbaren Produktions- und Marktanteil zu erreichen, müßten sich die jeweils größten Automobilproduzenten Italiens (Fiat), Frankreichs (Renault) und Westdeutschlands (Volkswagenwerk) zusammenschließen. Alle übrigen Automobilproduzenten der EWG erreichten zusammen nicht einmal einen Produktions- und Marktanteil wie der zweitgrößte Automobilkonzern der USA die Ford-Motor-Corp. Die beiden westdeutschen Tochtergesellschaften von General Motors und Ford sowie Simca, die französische Tochtergesellschaft von Chrysler, erzeugen etwa ebenso viele Personenkraftwagen wie die drei größten französischen Automobilkonzerne Renault, Citroen und Peugeot.[22]

Der Aggressivität der amerikanischen Konzerne entsprechen Zentralisationsbestrebungen bei den westeuropäischen Konzernen, die nicht nur zu Zusammenschlüssen auf nationaler Ebene führen, sondern bereits eine Reihe von Zusammenschlüssen im westeuropäischen Rahmen zeitigten. Ein typisches und oft zitiertes Beispiel für diesen Prozeß ist die Fusion der AGFA AG, Leverkusen mit Geveart Photoproducten N.V., Rotterdam.

In der chemischen Industrie Westdeutschlands vollziehen sich internationale Zentralisationsprozesse infolge der starken Stellung der IG-Farben jedoch vorwiegend in Form von Gemeinschaftsgründungen im Bereich der durch die technisch-wissenschaftliche Revolution neu entstehenden Industriezweige. Bei der Entwicklung der Petrolchemie arbeiten die IG-Farben vorzugsweise mit den britischen Öltrusts zusammen. Die Badische Anilin & Soda Fabrik AG, Ludwigshafen, gründete zusammen mit der Deutschen Shell AG, Hamburg, auf einer Beteiligungsbasis von 50 zu 50 Prozent die Rheinischen Olefine-Werke GmbH (ROW), Wesseling. Die Bayer-AG, Leverkusen, gründete zusammen mit der BP-Benzin und Petroleum AG, Hamburg, ebenfalls auf einer Beteiligungsbasis von 50 zu 50 Prozent die Erdölchemie GmbH, Dormagen. Es handelt sich um zwei Großunternehmen mit einem Stammkapital von 140 Mill. DM bzw. 110 Mill. DM, die unter anderem für die IG-Farben-Gruppe eine wichtige Rohstoffbasis der eigenen Kunststoff-, Kunstfaser- und Kautschukerzeugung darstellt. Die ROW erreichten 1961 bereits 10 Prozent der Welterzeugung und etwa 87 Prozent der EWG-Gesamtkapazität bei Äthylen und Hochdruckpolyäthylen.[23]

Auf die Erdölchemie GmbH, Dormagen, entfiel 1964 mengenmäßig fast ein Viertel der Produktion Westdeutschlands an anorganischen Chemikalien. Von 1957 bis 1966 wurden 640 Mill. DM für den Auf- und Ausbau des Werkes investiert.

Die Erdölchemie, Dormagen, ist die größte petrolchemische Anlage in Westdeutschland und die zweitgrößte in Westeuropa.

Auch auf dem Gebiet des Exports, der Industrieberatung und der Finanzierung gibt es in wachsendem Maße interwesteuropäische Zusammenschlüsse und Gemeinschaftsgründungen.

Ende 1961 schlossen sich drei bedeutende Gruppen aus Westdeutschland, Frankreich und Italien, die auf dem Gebiet der internationalen Planung und Beratung tätig sind, - die Sofralec, Paris, die Halconsalt, Rom, und die Projekt-Union, Bonn - zur "Europaexport AG", Luxemburg, für die gemeinsame Planung und Beratung in allen Entwicklungsländern zusammen.

Analog der Entwicklung im Bereich der Produktion, des Handels und der Dienstleistungen zeichnen sich in der Geld- und Kreditsphäre der kapitalistischen Länder verstärkte nationale und internationale Zentralisationsprozesse ab. So fanden in den letzten Jahren in allen wichtigen westeuropäischen Ländern Zentralisationsprozesse in den nationalen Bankensystemen in verstärktem Maße statt. Ein Aspekt dieses Prozesses ist es, ähnlich wie im Bereich der Produktion, den Rückstand der westeuropäischen Banken im Konzentrations- und Zentralisationsgrad gegenüber den großen amerikanischen Banken aufzuholen. Für die westeuropäischen Banken wirkt hier die Zersplitterung der westeuropäischen nationalen Kapitalmärkte hemmend. Auf Grund der Anforderungen an die Zentralisation des Bankapparates wirkt unter anderem die Konkurrenz zwischen den westeuropäischen und den amerikanischen Banken in Richtung der Integration und Vereinheitlichung der westeuropäischen Kapitalmärkte.

Neben der nationalen Zentralisation vollzieht sich eine verstärkte internationale Zentralisation der Banken. Sie erhielt einen starken Anstoß durch die Ausweitung des internationalen Kapitalmarktes in den letzten Jahren und führte unter anderem zur Gründung einer Reihe von internationalen Banken unter Beteiligung der westdeutschen Großbanken. So wurde in Brüssel die Banque Européenne de Crédit à Moyen Terme (BEC) gegründet. Ihr gehören die Amsterdam-Rotterdam Bank, die Midland Bank, die Deutsche Bank, die Société Général de Banque sowie die Samuel Montagu et Co. Ltd. an. Aufgabe dieser Bank soll die Gewährung von mittelfristigen Krediten (3 bis 7 Jahre Laufzeit) an in Westeuropa tätige Unternehmen sein, die Kapital für ihre internationalen Investitionen brauchen.

Bereits Ende 1963 hatte die Deutsche Bank mit den größten Banken Englands, Belgiens und der Niederlande ein Bankenkartell gegründet, das neben der Intensivierung der Zusammenarbeit mit der EFTA der Stärkung der Positionen der westeuropäischen Banken, insbesondere der Deutschen Bank AG, gegenüber den amerikanischen Banken im "Entwicklungsgeschäft" dienen soll.

Die Dresdner Bank beteiligte sich gemeinsam mit je einer der größten italienischen, niederländischen, französischen, englischen und amerikanischen Banken an der Société Financière Européenne, einer Finanzierungsgesellschaft, deren Aufgabe in der Finanzierung europäischer Firmen durch mittel-und langfristige Kredite und Übernahme von Beteiligungen besteht.

Eine der bedeutendsten internationalen Bankgründungen ist die International Commercial Bank Ltd., London. An ihr sind die Commerz Bank AG, die Westminster Bank, die First National Bank of Chicago, die Hongkong and Shanghai Banking Corp. und die Irving Trust Company, New York, beteiligt. Die fünf Banken besitzen zusammen mit ihren Tochtergesellschaften Geschäftsstellen in allen Teilen der Welt. Die Aufgabe der Bank soll insbesondere die Finanzierung international tätiger Unternehmen sein.

Auf Initiative der Banque de Suez et de l'Union des Mines, Paris, und der Bankers Trust Company, New York, baut eine Gruppe internationaler Banken, der auch die Commerz Bank AG neben elf weiteren Banken Westeuropas und Nordamerikas angehört, einen Markt mittelfristiger Schuldtitel auf. Zu diesem Zweck wurde die Compagnie Internationale de Crédit à Moyen Terme S.A. als Gesellschaft schweizerischen Rechts gegründet.

Die Dresdner Bank gründete in Luxemburg ein Tochterinstitut, die Compagnie Luxembourgoise de Banque S.A., um sich stärker in den internationalen Kapitalmarkt einzuschalten. Die Dresdner Bank ist insbesondere über die Deutsch-Südamerikanische Bank AG, Hamburg, in Südamerika tätig.

Diese Beispiele von Gründungen internationaler Banken während der letzten beiden Jahre zeigen, daß die allgemeine Tendenz, in der die verstärkte Internationalisierung des Wirtschaftslebens der kapitalistischen Länder zum Ausdruck kommt - das Vordringen der Unternehmen mit internationaler Struktur und internationaler Operationsbasis -, seine Entsprechung auch im Bereich der Banken findet. Im Ergebnis bilden sich neue internationale Gruppierungen des Finanzkapitals der imperialistischen Hauptländer heraus. Ein wesentliches Moment dieses Prozesses sind die sich verändernden ökonomischen Kräfteverhältnisse zwischen den USA und Westeuropa, insbesondere den EWG-Ländern.

Die verstärkte Internationalisierung und internationale Zentralisation des Kapitals zeigt sich auch an der Entwicklung des internationalen langfristigen Leihkapitalverkehrs im allgemeinen und des westdeutschen im besonderen. Seit 1963 wächst das Emissionsvolumen der internationalen Anleihen gegenüber dem Emissionsvolumen der Auslandsanleihen.

Nach Schätzung der Bank für Internationalen Zahlungsausgleich, Basel, stieg der Anteil der internationalen Anleihen, d.h. der Anleihen, die von internationalen Konsortien für den Verkauf in mehreren Ländern übernommen werden, am Gesamtvolumen der im Ausland begebenen Anleihen von 7 Prozent 1963 auf 44 Prozent 1967. Das placierte Volumen internationaler Anleihen stieg von 137 Mill. Dollar 1963 auf 1 861 Mill. Dollar im Jahre 1967.[24]

Die internationalen Bankenkonsortien zentralisieren Anlage suchendes Leihkapital aus allen Teilen der Welt. Nicht nur aus Westeuropa, sondern ebenfalls aus den USA, Südamerika dem Nahen Osten und aus asiatischen Ländern floß Kapital auf den Markt für internationale Anleihen. Ein bedeutender Teil des Kapitalangebots stammte von Investoren, die ihr Kapital sonst von den USA aus angelegt hätten.

Die Kapitalnachfrage kommt vor allem von amerikanischen Unternehmen, aber auch von Emittenten aus der EWG, aus England, Skandinavien, Australien, Südafrika und Japan, die früher ihre Anleihen in New York emittierten. Der größte Teil der Mittel wird in Westeuropa investiert.

Die Krise der USA-Zahlungsbilanz und die zu ihrer Eindämmung ergriffenen Maßnahmen führten zu einer Umlenkung im Angebot und in der Nachfrage nach internationalem langfristigen Leihkapital von den USA nach Westeuropa.

Die Rolle New Yorks als führendes Finanzzentrum und die weitreichende Monopolstellung der amerikanischen Banken wurden dadurch geschwächt. Es verschärfte sich die Konkurrenz zwischen den amerikanischen Banken und den westeuropäischen Banken sowie zwischen den westeuropäischen Banken untereinander um die Aufteilung des Marktes für internationale Anleihen.

Die Konkurrenz führte zu einer verstärkten internationalen Kooperation der Banken und zur Bildung internationaler Bankenkonsortien, weitgehend unter der Führung der amerikanischen Banken, die auf diese Weise versuchten, ihre Monopolstellung bei der Emission von Auslandsanleihen aufrechtzuerhalten. (Emission in New York, Placierung in Europa). Die westdeutschen Banken konnten wieder verstärkt in das internationale Emissionsgeschäft eintreten. Sie übernahmen nicht nur die Emission der auf DM lautenden Auslandsanleihen, sondern beteiligten sich auch in vielen Fällen an der Begebung internationaler Fremdwährungsanleihen zusammen mit amerikanischen und westeuropäischen Banken.

Eine entscheidende Triebkraft für die Entwicklung auf dem Gebiet der internationalen Anleihen ist die Expansion der Direktinvestitionen der großen internationalen Konzerne, vor allem der amerikanischen, in Westeuropa.

Auch der Markt für DM-Auslandsanleihen wird in bedeutendem Maße von amerikanischen Konzernen in Anspruch genommen. So wurde zwischen der Gulf-Oil-Gruppe und der Deutschen Bank als Führerin eines europäischen Bankenkonsortiums die Emission einer

100-Mill.-DM-Anleihe vereinbart, die zu etwa 30 Prozent von westdeutschen Anlegern übernommen wurde. Die Anleihe soll von der Transocean Gulf-Oil-Comp., Pittsburgh (USA), für Investitionen in Westeuropa verwandt werden. Neben den amerikanischen Konzernen emittieren auch westeuropäische Konzerne von internationaler Struktur (z.B. 100 Mill. DM British Petroleum Ltd., London, im Mai 1965), die internationalen Organisationen u.a. DM-Anleihen. Daneben fanden verstärkt Emissionen von auf Fremdwährung lautenden Anleihen in Westdeutschland statt.

Die Expansion der Direktinvestitionen der großen internationalen Konzerne beschleunigt auch in den anderen Bereichen des Leihkapitalexports die internationale Kapitalverflechtung.

So ist die Expansion der ausländischen, insbesondere der amerikanischen Direktinvestitionen in Westdeutschland nicht nur ein mitbestimmendes Moment bei der Entwicklung der einzelnen Komponenten der lang- und kurzfristigen Leihkapitalverflechtung Westdeutschlands mit dem Ausland, sondern fördert auch die internationale Kapitalverflechtung der westeuropäischen Länder.

Zum Beispiel stammten von den langfristigen Kapitalzuflüssen zu amerikanisch kontrollierten westdeutschen Unternehmen im Jahre 1966 in Höhe von 1 772 Mill. DM 303 Mill. DM aus dritten Ländern (EWG-Länder, Großbritannien u.a.). Der Kapitalzufluß aus den USA betrug nur 544 Mill. DM.[25]

Umgekehrt führt die Expansion der USA-Konzerne in anderen westeuropäischen Ländern ebenfalls zur Intensivierung der Kapitalverflechtung in Westeuropa. So werden nicht nur am westdeutschen Kapitalmarkt Anleihen von westdeutschen Tochtergesellschaften amerikanischer Konzerne aufgenommen (z. B. Anleihe der Adam Opel AG im November 1967 über 150 Mill. DM), sondern auch die Entwicklung und Ausdehnung des Marktes für DM-Auslandsanleihen wird durch die Investitionsprogramme amerikanischer Gesellschaften in westeuropäischen Drittländern mitbestimmt. Ein Beispiel dafür ist die 100-Mill.-DM-Anleihe der Europa Holding von Dupont.

Aber nicht nur die ausländischen, insbesondere die amerikanischen, Direktinvestitionen in Westdeutschland bzw. in Drittländern wirken mitbestimmend auf die Entwicklung der einzelnen Komponenten der westdeutschen Leihkapitalverflechtung mit dem Ausland ein, sondern ebenso die Auslandsexpansion der westdeutschen Industriekonzerne selbst. Staatsmonopolistische Regulierungen des Kapitalverkehrs mit dem Ausland, wie z. B. die amerikanischen Maßnahmen zur Eindämmung des Zahlungsbilanzdefizits oder die westdeutsche Kuponsteuer, setzen neue Bedingungen im Konkurrenzkampf der großen internationalen Konzerne um die günstigsten Finanzierungsbedingungen für ihre Expansion. Während die amerikanischen Konzerne für ihre Expansion vor allem in Westdeutschland und Westeuropa in Westdeutschland Anleihen emittieren, versuchen die westdeutschen Konzerne die Nachteile, die die Kuponsteuer für die ausländische Finanzierung ihrer eigenen Auslandsexpansion bedeutet, zu umgehen. Sie gingen dazu über, durch ihre ausländischen Holding-Gesellschaften DM-Auslandsanleihen in Westdeutschland aufzunehmen. So wurden von den sieben DM-Auslandsanleihen, die 1966 (mit einem Emissionserlös von 610 Mill. DM) in Westdeutschland aufgelegt wurden, 3 Anleihen (mit einem Emissionserlös von 260 Mill. DM) durch in Luxemburg ansässige Finanzierungsgesellschaften westdeutscher Konzerne emittiert.[26]

Die angeführten Beispiele geben eine Vorstellung davon, wie weit der westdeutsche langfristige Leihkapitalverkehr mit dem Ausland durch den Prozeß der internationalen Konzentration und Zentralisation des Kapitals, durch die Expansion der großen im internationalen Maßstab operierenden Konzerne, darunter auch der größten westdeutschen Monopole, mitbestimmt wird.

Vom Ausland aus mobilisieren westdeutsche Konzerne über Westdeutschland internationales Kapital für ihre eigene Auslandsexpansion. Die großen amerikanischen und EWG-Konzerne nehmen den Europakapitalmarkt, darunter den Markt für DM-Auslandsanleihen, in Anspruch, um ihre Investitionen in Westeuropa, Westdeutschland und anderweitig zu finanzieren.

Anmerkungen

1 Vgl. Monatsberichte der Deutschen Bundesbank, Juni 1965, S. 58 und Juni 1967, S. 46
2 Bruttokapitalexporte = Neuanlage ./. Liquidation. Berechnet nach obigen Quellen, S. 59 und S. 47 ohne Berücksichtigung der öffentlichen und privaten Tilgungen im Rahmen der Londoner Schuldenabkommen
3 D.h. private langfristige Kapitalimporte Westdeutschlands abzüglich der Kapitalexporte
4 Nach der Definition der Deutschen Bundesbank werden als Direktinvestitionen solche Auslandsanlagen bezeichnet, deren Zweck in einer unmittelbaren Einflußnahme auf die Leitung des Unternehmens, in das investiert wird, besteht, oder darin, einem Unternehmen, an dem der Investor bereits maßgeblich beteiligt ist, neue Mittel zuzuführen. Vgl. Monatsberichte der Deutschen Bundesbank, Dezember 1965, S. 19 und: H. Seifert, Die deutschen Direktinvestitionen im Ausland, Westdeutscher Verlag, Köln-Opladen 1967, S. 27 ff.
5 Berechnet nach: Monatsberichte der Deutschen Bundesbank, Juni 1967, S. 57.
6 Berechnet nach ebenda
7 9 995,3 Mill. DM Transaktionswerte. Vgl. zur Bewertung der westdeutschen Direktinvestitionen Monatsberichte der Deutschen Bundesbank, Dezember 1965
8 Monatsberichte der Deutschen Bundesbank, Dezember 1965, S. 21
9 Vgl. ebenda
10 Blick durch die Wirtschaft, Frankfurt/M., Nr. 94, vom 25.9.1966
11 Ebenda, S. 3
12 Vgl. Monatsberichte der Deutschen Bundesbank, November 1966
13 Monatsberichte der Deutschen Bundesbank, November 1966, S. 24-26
14 Ebenda, S. 21
15 Ebenda
16 DWI-Berichte, Juni 1966, S. 9, Tabelle 10
17 Monatsberichte der Deutschen Bundesbank, Juni 1967, S. 57
18 Berechnet nach ebenda
19 Monatsberichte der Deutschen Bundesbank, Juni 1965, S. 7 und Juni 1967
20 Vgl. die entsprechende Definition eines Unternehmens von internationaler Struktur bei J. Haussiaux: La grande entreprise plurinationale. In: Economie appliquée, S. 405
21 G. Steiner, in: Economie appliquee, Band XVII, Nr. 2/3, 1964, S. 441 ff.
22 Der Volkswirt, Nr. 33, vom 18.8.1967, S. 1 776
23 DWI-Berichte, Berlin, Nr. 11, 1963, S. 19
24 Bank für Internationalen Zahlungsausgleich, Basel, Achtunddreißigster Geschäftsbericht, S. 61 f.
25 Monatsberichte der Deutschen Bundesbank, Nr. 6, 1967, S. 13
26 Thyssen Investment S.A., 100 Mill. DM, AEG-Finanz Holding S.A., 60 Mill. DM, Siemens-Europa Finanz AG, 100 Mill. DM. Zwei weitere DM-Anleihen über je 100 Mill. DM erfolgten bis Mitte 1967 durch die BASF, Luxemburg

S. LIEBE

Einige Aspekte der Wandlung der westdeutschen industriellen Kapitalstruktur für das ökonomische Wachstum und ihre Realisierung

In einem bereits veröffentlichten Artikel[1] haben wir die Entwicklung und Veränderung von Produktions-, Investitions- und Beschäftigungsstruktur der westdeutschen Industrie unter den Bedingungen der wissenschaftlich-technischen Revolution in der Nachkriegszeit geschildert. Dort haben wir uns primär auf strukturelle Veränderungen des Produktionsprozesses und auf - auch künftige - Entwicklungen und Tendenzen konzentriert, die sich aus dem Strukturwandlungsprozeß allgemein und speziell für die Beschäftigungsentwicklung ergeben.

In diesem Zusammenhang standen daher Probleme der Verwertung des industriellen Kapitals und durch den Strukturwandlungsprozeß ausgelöste Potenzen weiteren ökonomischen Wachstums sowie Fragen der Durchsetzung der strukturellen Veränderungen mittels des Verwertungsmechanismus zwangsläufig nicht so sehr im Mittelpunkt.

Zu einigen derartigen Problemen, die wichtig für das Verständnis des Wesens und Inhalts des - kapitalistischen - Strukturwandlungsprozesses sind, wollen wir in diesem Artikel Stellung nehmen.

Als Ausgangspunkt wollen wir einleitend den Prozeß der zunehmenden Kapitalfixierung in der westdeutschen Industrie kurz veranschaulichen: In der gesamten westdeutschen Industrie wuchs das Volumen der Investitionen - durch die Angliederung des Saarlandes und seine statistische Einbeziehung allerdings 1966 im Verhältnis zu 1958 bzw. zu 1950 etwas überhöht - absolut von ca. 4,6 Md. DM im Jahre 1950 auf ca. 12,7 Md. DM im Jahre 1958 und auf ca. 24,5 Md. DM im Jahre 1966, also nominal auf mehr als das Fünffache.[2] Dieses schnelle Wachstum des Investitionsvolumens umfaßt einen absoluten Rückgang im Jahre 1963 gegenüber 1962, Phasen einer relativ langsamen Zunahme zwischen 1955 und 1958/1959, zwischen 1961 und 1964 und 1965/1966 sowie Kulminationspunkte der Zunahme während der ersten 50er Jahre, 1960/1961 und 1964/1965.[3] Infolgedessen kam es zwischen 1950 und 1966 zu einer Verdreifachung der nominalen Anlageinvestitionen je in der Industrie Beschäftigten, wovon fast 60 % der Zunahme auf den Zeitraum von 1958 bis 1966 entfielen.[4]

Das gesamtindustrielle Brutto-Anlagevermögen, das annähernd die Entwicklung des fixen Kapitals der Industrie widerspiegelt, wuchs - in realer Rechnung - im Verlauf von 17 Jahren bis 1966 um ca. 130 Md. auf ca. 191 Md. DM, also von 100 im Jahre 1950 auf 313 im Jahre 1966, wovon der größte Teil mit ca. 83 Md. DM bzw. fast zwei Dritteln des Zuwachses aus der zweiten Teilperiode ab 1958 stammt (vgl. Tabelle 1). Wesentlich wurde der Prozeß der Kapitalfixierung von dem weit überdurchschnittlich gewachsenem fixen Kapital im Bereich der Investitionsgüterindustrien beeinflußt. Auf diesen Industriebereich, der 1950 fast 21 % und 1966 fast 29 % des gesamten industriellen fixen Kapitals umfaßte, entfiel mit über 42 Md. DM Zuwachs an Anlagekapital fast ein Drittel des gesamtindustriellen Zuwachses an fixem Kapital. Von diesen 42 Md. DM flossen wiederum fast 82 % in nur 3 Industriezweige: in den Maschinenbau, in den Fahrzeugbau und in die elektrotechnische Industrie, in Zweige, die durch den Prozeß der revolutionären Umwälzung der Produktionsweise im technischen Sinne und durch den überdurchschnittlich wachsenden Anteil der Ausrüstungsinvestitionen bezüglich ihrer Produktionsexpansion besonders stimuliert wurden. Alle anderen Industriebereiche, darunter speziell der Bergbau, nahmen dem Wachstum des fixen Kapitals nach demgegenüber nur eine unterdurchschnittliche Entwicklung, blieben relativ hinter den Investitionsgüterindustrien zurück. Dies ist in erster Linie auf die mit der technischen Umwälzung verbundenen Veränderungen der industriellen Produktionsstruktur sowie auf den Verlauf des Reproduktionsprozesses des fixen Kapitals, auf das Verhältnis von Investitionen zu den Abgängen an Produktionsanlagen zurückzuführen.

Tabelle 1

Indizes der Entwicklung und Anteil+ (gesamte Industrie = 100) von Brutto-Anlageinvestitionen, Nettoproduktion, Investitionsintensität, Brutto-Anlagevermögen, und Brutto-Anlagevermögen je Einheit Nettoproduktionswert in ausgewählten Zweigen der westdeutschen Industrie 1950 bis 1966, auf Basis konstanter Preise von 1950

- 1950 = 100 -

Industriezweig	Investitionen						Nettoproduktion					
	1950	%	1958	%	1966	%	1950	%	1958	%	1966	%
Gesamte Industrie	100	100	204	100	314	100	100	100	218	100	375	100
Bergbau	"	14	206	14	106	5	"	9	144	6	143	3
Verarbeitende Industrie	"	86	203	86	347	95	"	91	225	94	397	97
Grundstoff- u. Produktionsgüterindn.	"	29	271	39	409	38	"	27	200	25	380	27
Investitionsgüterindustrien	"	24	220	26	427	32	"	27	247	30	441	31
Verbrauchsgüterindustrien	"	19	135	13	248	15	"	26	195	23	329	23
Nahrungs- u. Genußmittelindustrie	"	14	129	9	221	10	"	12	297	16	487	15
Kohlenbergbau	"	10	213	11	109	4	"	8	136	5	121	2
Eisenschaffende Industrie	"	5	374	10	381	7	"	5	168	4	232	3
Mineralölverarbeitende Industrie	"	1	650	4	775	3	"	1	494	2	1742	3
Chemische Industrie	"	9	304	13	582	16	"	10	219	10	532	13
Maschinenbau	"	9	160	7	307	9	"	9	226	9	349	8
Fahrzeug- u. Luftfahrzeugbau	"	4	308	6	743	10	"	4	330	6	535	6
Elektrotechnische Industrie	"	5	230	6	419	7	"	5	329	8	751	10
Kunststoffverarbeitende Industrie	"	.++	310	1	1700	2	"	.++	560	1	2346	3

\+ Differenzen durch Abrundung

++ Genauer: 0,4

+++ Genauer: 0,2

Fortsetzung Tabelle 1

Industriezweig	Investitionsintensität			Brutto-Anlagevermögen						Brutto-Anlagevermögen je Einheit Nettoproduktion[1]		
	1950	1958	1966	1950	%	1958	%	1966	%	1950	1958	1966
Gesamte Industrie	100	94	84	100	100	177	100	313	100	100	81	83
Bergbau	"	143	74	"	16	158	14	210	11	"	110	147
Verarbeitende Industrie	"	90	87	"	84	180	86	332	89	"	80	84
Grundstoff- u. Produktionsgüterindn.	"	135	108	"	37	179	38	299	36	"	89	79
Investitionsgüterindustrien	"	89	97	"	21	203	24	433	29	"	82	98
Verbrauchsgüterindustrien	"	69	75	"	16	166	15	301	15	"	85	92
Nahrungs- u. Genußmittelindustrien	"	43	45	"	10	160	9	295	10	"	54	61
Kohlenbergbau	"	156	90	"	14	149	11	196	9	"	110	163
Eisenschaffende Industrie	"	223	165	"	11	176	11	266	10	"	105	115
Mineralölverarbeitende Industrie	"	132	44	"	1	376	2	984	2	"	76	56
Chemische Industrie	"	111	104	"	12	174	12	297	12	"	79	56
Maschinenbau	"	71	88	"	6	222	8	435	9	"	98	125
Fahrzeug- u. Luftfahrzeugbau	"	93	141	"	3	245	5	659	7	"	74	125
Elektrotechnische Industrie	"	70	56	"	4	221	5	538	7	"	67	72
Kunststoffverarbeitende Industrie	"	55	72	"	.+++	381	.++	1707	1	"	68	73

Quellen: Investitionen und Brutto-Anlagevermögen: Vierteljahrshefte zur Wirtschaftsforschung, Heft 1/1959, S. 61 u. S. 73 f.; Heft 1/1960, S. 78 f.; Heft 1/1961, S. 58 f.; Heft 4/1967, S. 408 f. - Die Umrechnung der Werte für 1966 von der Preisbasis 1958 auf Preisbasis 1950 wurde unter Zugrundelegung eines Preisindex von 138 (1950 = 100) vorgenommen. Vgl. R. Krengel, Die ersten Ergebnisse der Neuberechnung des industriellen Anlagevermögens für das Gebiet der Bundesrepublik auf der Preisbasis 1958, in: Vierteljahrshefte zur Wirtschaftsforschung, Heft 3/1963, S. 274 ff.

Nettoproduktion: Statistisches Jahrbuch für die BRD, 1955, S. 204-211; 1960, S. 206 f.; Vierteljahrshefte zur Wirtschaftsforschung, Heft 4/1967, S. 410

1 Beim Brutto-Anlagevermögen ist 1958 das Saarland nicht mit einbezogen, während die Nettoproduktionswerte das Saarland mitenthalten. Dadurch ist der Quotient Brutto-Anlagevermögen je Einheit Nettoproduktionswert für 1958 speziell beim Kohlenbergbau und bei der eisenschaffenden Industrie etwas zu gering ausgewiesen. Bei den Indizes der Kennziffer des Brutto-Kapitalkoeffizienten muß besonders für die Entwicklung zwischen 1950 bis 1958 berücksichtigt werden, daß ein erheblicher Teil des Absinkens dieser Kennziffer durch die steigende Kapazitätsauslastung speziell während der ersten 50er Jahre bedingt ist. Dies gilt, allerdings in viel geringerem Ausmaß, im umgekehrten Sinne für die Entwicklung zwischen 1958 und 1966. Beim Anstieg des Brutto-Kapitalkoeffizienten war das 1966 verstärkt einsetzende Absinken des Grades der Auslastung der Produktionskapazitäten in einer ganzen Reihe von Industriezweigen eine wesentliche Ursache.

Die wissenschaftlich-technische Revolution und die dadurch bedingte Umwälzung im industriellen Produktionsprozeß bedingt jedoch nicht nur rein quantitative Veränderungen, sondern auch qualitative Veränderungen innerhalb der industriellen Investitionen und des industriellen Kapitals, ihrer Strukturen und ihres Wachstums. Wir denken in diesem Zusammenhang beispielsweise an die Entwicklung der Relation zwischen Bau- und Ausrüstungsinvestitionen, auf die später noch eingegangen wird, an die Veränderungen der Anteile von Maschinenbau-, Fahrzeugbau- und elektrotechnischen Erzeugnissen innerhalb der Ausrüstungsinvestitionen sowie an die Konsequenzen dieser Veränderungen für das gesamtindustrielle Anlagekapital und an die veränderte Verteilung von Investitionen und fixem Kapital auf die einzelnen Sphären der industriellen Produktion.

Auf diesen letzten Vorgang wollen wir uns zunächst konzentrieren, weil er uns zu einem wesentlichen Faktor der Ökonomie des konstanten Kapitals, der Einsparung vergegenständlichter Arbeit, die gegenwärtig immer größere volkswirtschaftliche Bedeutung erhält, führt.

Die unterschiedliche relative und absolute Entwicklung des fixen Kapitals in den einzelnen industriellen Produktionsbereichen besagt dabei allein noch nichts über die Produktivkraftentwicklung und die Entwicklung der organischen Kapitalzusammensetzung, weil dazu als dritter Faktor die industrielle Beschäftigungsentwicklung zu berücksichtigen ist. Vielmehr war es bis 1966 in der westdeutschen Industrie so, daß oft unterdurchschnittliches Wachstum des fixen Kapitals mit überdurchschnittlicher Zunahme der organischen Kapitalzusammensetzung verbunden war und umgekehrt. Dies betrifft einerseits alle Industriebereiche außer dem Investitionsgüterbereich und zum anderen im entgegengesetzten Fall die Investitionsgüterindustrien. Gerade deshalb wirkte sich u. a. die Wandlung der industriellen Produktions- und Kapitalstruktur in der Folge der technischen Umwälzung mit ihrer weit überdurchschnittlichen Expansion des bisher sehr arbeitsintensiven und relativ niedrig organisch zusammengesetzten Investitionsgüterbereichs und auf der anderen Seite mit dem unterdurchschnittlichen Wachstum bzw. der relativen Stagnation der Produktion in den kapitalintensiveren oder den Zweigen mit überdurchschnittlich steigender organischer Kapitalzusammensetzung - wofür die Entwicklung der spezifischen Materialintensität der industriellen Produktion sowie die fortschreitende Arbeitsteilung und Weiterverarbeitung wesentliche Bestimmungsgründe sind -, bisher sehr günstig für die Entwicklung der Ökonomie des konstanten Kapitals und für die Verwertungsbedingungen des gesamten industriellen Kapitals aus.

Die Veränderung der Verhältnismäßigkeiten der - unterschiedlich organisch zusammengesetzten - Anteile der einzelnen Produktionszweige am gesamten industriellen Kapital gehört zu den spezifischen, durch den Prozeß der Strukturwandlung von Produktion und Kapital infolge der technischen Umwälzung hervorgerufenen Faktoren, die für die Freisetzung von potentiellen Wachstumsfaktoren von erheblicher Bedeutung sind. Diese Veränderungen schlagen sich neben anderen Faktoren in dem noch zu behandelnden Verhältnis zwischen Investitionen und Produktion sowie zwischen industriellem fixen Kapital und Produktion nieder.

Ihrem Verlauf nach ähnlich, wie die absolute Entwicklung des industriellen fixen Kapitals, - auch in ihrer zunehmenden Differenziertheit zwischen den einzelnen Industriezweigen -, ging die Entwicklung des Verhältnisses von fixem Kapital je Beschäftigten als annähernder Ausdruck für die Entwicklung des Kapitalminimums und der organischen Zusammensetzung des Kapitals in seiner Absolutheit vor sich. Diese Kennziffer erhöhte sich zwischen 1950 und 1966 um ca. 10 TDM auf fast 23 TDM fixes Kapital je Beschäftigten im Durchschnitt der gesamten Industrie (vgl. Tabelle 2).

Die allgemeine Beschleunigung der Erhöhung dieser Kennziffer speziell ab etwa 1958 wird durch die dem Trend nach sehr ähnlich verlaufende Erhöhung der Arbeitsproduktivität bestätigt, jedoch stehen hinter dieser Entwicklung sehr unterschiedliche Kombinationen ökonomischer Prozesse als Einflußfaktoren für diese Relation. Die bis etwa 1958 dauernde Periode der vorwiegend extensiv erweiterten Reproduktion mit besonders schneller Zunahme

Tabelle 2
Entwicklung des fixen Kapitals je Beschäftigten in ausgewählten Zweigen der westdeutschen Industrie 1950 bis 1966 - in konstanten Preisen von 1950 -

	TDM			Index 1950 = 100	
Industriezweig	1950	1958	1966	1958	1966
Gesamte Industrie	12,8	14,8	22,8	116	178
Bergbau	16,9	23,3	46,7	138	276
Verarbeitende Industrie	12,2	14,0	21,5	115	176
Grundstoff- u. Produktionsgüterindustrien	20,8	26,6	38,6	127	185
Investitionsgüterindustrien	8,7	9,4	15,2	108	174
Verbrauchsgüterindustrien	7,2	8,4	14,1	116	194
Nahrungs- u. Genußmittelindustrien	18,8	21,8	35,9	116	191
Kohlenbergbau	15,9	21,2	41,5	133	261
Eisenschaffende Industrie	35,8	40,9	53,1	114	148
Mineralölverarbeitende Industrie	20,7	55,9	123,7	271	599
Chemische Industrie	25,3	30,6	40,3	121	159
Maschinenbau	8,0	9,7	14,7	121	183
Fahrzeug- und Luftfahrzeugbau	10,8	15,3	25,3	142	235
Elektrotechnische Industrie	8,8	8,3	12,9	94	147
Kunststoffverarbeitende Industrie	5,1	6,7	14,4	133	285

der Beschäftigtenzahl und laufend erhöhter Kapitalauslastung des Produktionspotentials ohne wesentliche Erhöhung des Niveaus von Produktionstechnik und -technologie sowie bei besonders bis 1953 relativ hohen Abgängen alter Produktionsanlagen, die erst ab 1956 wieder stark zunahmen, ließ die Steigerung dieser Relation "fixes Kapital je Beschäftigten" nur in einem relativ geringen Ausmaß zu.

Ab 1958 war die Beschäftigungszunahme in der westdeutschen Industrie dann wesentlich geringer, weil das fixe Kapital je Beschäftigten erheblich schneller zunahm, die organische Kapitalzusammensetzung entsprechend stieg und sich der Kapazitätsauslastungsgrad kaum noch nach oben verschob. Die mit der Errichtung einer neuen materiell-technischen Produktionsbasis und der Umwälzung der industriellen Produktions- und Kapitalstruktur gewaltig gestiegenen industriellen Anlageinvestitionen, verbunden mit verstärkter Konzentration und Zentralisation von Produktion und Kapital, ergaben trotz umfangreicherer Abgänge an Produktionsanlagen und zunehmender Kapitalvernichtung eine eindeutig schnellere Steigerung des fixen Kapitals je Beschäftigten, die sich ab 1962 in noch größerem Ausmaß fortsetzte. Diese Entwicklung trifft auf fast ausnahmslos alle Industriezweige zu, doch war dieser sprunghafte Anstieg beispielsweise im Bergbau, in der Minderalölverarbeitung und im Fahrzeugbau besonders ausgeprägt.

Ab 1962 waren dafür jedoch andere Faktoren ursächlich wirksam: An erster Stelle sind diesbezüglich die sich stärker auswirkenden Konsequenzen der Durchsetzung des technischen Fortschritts in der westdeutschen Industrie zu nennen. Die relative Freisetzung von Arbeitskräften nahm größere Ausmaße an und führte zunehmend auch zu absoluter Freisetzung von in der Industrie beschäftigten Arbeitskräften. Der Akkumulationsprozeß wurde stark abgeschwächt und das Investitionsvolumen ging zeitweise sogar absolut zurück, weil einerseits die neue materiell-technische Produktionsbasis bis zu einem gewissen Grade geschaffen war und danach die Ersatz- und die Rationalisierungsinvestitionen in den Vordergrund traten und weil sich andererseits die industrielle Produktionsexpansion stark verringerte und dem industriellen Kapital für die Neuanlage von Kapital, für die extensive Erweiterung des Produktionsprozesses speziell innerhalb der Industrie gewisse Grenzen erwuchsen. Charakteristisch für das offene Wirksamwerden dieser Widersprüche ist der sinkende Grad der Ausnutzung der vorhandenen Produktionskapazitäten und die wachsende relative und absolute Freisetzung von Arbeitskräften.

Zwar hat die Beschleunigung des Umschlags des industriellen Kapitals durch den schnelleren, vor allem moralischen Verschleiß des fixen Kapitals ein erhöhtes Tempo der Akkumulation in Form schneller aufeinanderfolgender Ersatzinvestitionen und Rationalisierungsinvestitionen zur Folge, doch wirken dem andererseits die auf Grund der allgemeinen Verjüngung des fixen Kapitals wahrscheinlich zumindest gegenwärtig relativ sinkenden Quoten an Abgängen von fixen Kapitalanlagen aus dem industriellen Produktionsprozeß entgegen, was aber seinerseits wieder durch den moralischen Verschleiß gemindert wird. Der Übergang von vorwiegenden Erweiterungs- zu überwiegenden Ersatz- und Rationalisierungsinvestitionen bedingt ebenfalls veränderte Relationen innerhalb der industriellen Produktions- und Beschäftigungsstruktur. Auch die erhöhte Kapitalvernichtung durch chronische Nichtauslastung von Produktionskapazitäten und durch den hohen Grad der Kapitalfixierung, d.h. durch die entsprechend verringerte Mobilität des industriellen Kapitals, spielt eine Rolle für den Akkumulationsprozeß und die Expansion des industriellen Kapitals. Ab 1962 trat schließlich eine deutliche Verringerung des Wachstumstempos des industriellen Kapitals ein.

Dies bedeutet aber, daß die Relation "fixes Kapital je Beschäftigten", daß die organische Kapitalzusammensetzung trotzdem weiter steigt, und das wird um so mehr der Fall sein, da sich der technische Fortschritt weiter fortsetzt. Die Entwicklung des zirkulierenden konstanten Kapitals - gemessen an der Produktionsentwicklung des Bergbaus und der Grundstoff- und Produktionsgüterindustrien - wird auch, wie bisher, relativ hinter der Expansion des industriellen fixen Kapitals zurückbleiben, während die Entwicklung der Beschäftigung und des variablen Kapitals dem technischen Fortschritt, der Produktivkraftentwicklung, d.h. der Steigerung der organischen Zusammensetzung des Kapitals, also dem Freisetzungsprozeß lebendiger Arbeit einerseits und der Lohnentwicklung andererseits unterliegt.

Innerhalb der absoluten Entwicklung der organischen Zusammensetzung des industriellen Kapitals vollzieht sich zugleich auch ein Prozeß qualitativer Veränderungen, die sich an der Verlagerung des Investionsanteils für Ausrüstungen auf Kosten des Bauanteils an den Anlageinvestitionen zeigt. Der Anteil der Ausrüstungsinvestitionen an den gesamten Anlageinvestitionen nahm beispielsweise im Bergbau zwischen 1950 und 1963 um ca. 15 % auf ca. 83 %, in der verarbeitenden Industrie im gleichen Zeitraum um ca. 12 % auf ca. 81 % zu.[5] Während der 60er Jahre verlangsamte sich diese Entwicklungstendenz etwas. Das aber muß nicht unbedingt mit einer Beendigung dieser Tendenz identisch sein. Der Ausrüstungsanteil an den Investitionen stieg bisher am schnellsten in den Zweigen, die günstige Bedingungen für die Anwendung modernster Technik bieten. Aber auch die anderen Zweige tendieren zur Realisierung eines höheren Niveaus der Massenproduktion. Daraus folgt, daß das zu beobachtende Erlahmen dieser Entwicklungstendenz vielleicht doch eine nur zeitweilige Erscheinung sein wird, daß aber insgesamt die Intensität dieser Tendenz nachläßt.

Diese strukturspezifische Tendenz hat eine ganze Reihe von Ursachen, wie die unterschiedliche Lebensdauer von Bauten und Ausrüstungen, den Übergang von extensiver zu intensiver erweiterter Reproduktion, den zunehmenden Anteil industrieller Produktionsprozesse, die Bauten nur in relativ geringem Ausmaß erfordern, die Ökonomie des konstanten Kapitals hinsichtlich der Produktionsbedingungen, die sprunghafte Kapazitätsentwicklung der Produktionsausrüstungen ohne gleichermaßen wachsenden Umfang an Bauten und nicht zuletzt qualitative Veränderungen innerhalb der Arbeitsprozesse durch die technische Revolution. Schließlich wurde die Relation zwischen Bau- und Ausrüstungsinvestitionen auch durch überhöhte und teilweise staatlich subventionierte Abschreibungsquoten noch zusätzlich beeinflußt.

Diese qualitativen Veränderungen der Investitionsstruktur resultierten in einem allmählich steigenden Anteil des fixen Kapitals in Form von Ausrüstungen und in einem sinkenden Anteil des fixen Kapitals in Form von Bauten am gesamten industriellen Kapital. Sie lösten zusätzlich zu der durch die technische Umwälzung des gesamten Produktionsorganismus ohnehin gewaltig gesteigerten Nachfrage und Produktion von Produktionsmitteln eine bedeutende Erweiterung des innerindustriellen Marktes bezüglich der produktiven Konsumtion aus und induzierten weitere Investitionen in den entsprechenden Industriezweigen, beeinflußten so in sekundärer Form die Entwicklung und Veränderung der industriellen Produktionsstruktur, trugen zur Erweiterung des Reproduktionsprozesses bei und stimulierten zusätzlich den Wachstumsprozeß.

Dem Expansionsdrang des westdeutschen industriellen Kapitals und seiner Verwertung, damit auch der Bewegung des Widerspruchs zwischen Produktion und Verwertung, wurde auf diese Art und Weise ein gewisser zusätzlicher Spielraum geschaffen, der aber inzwischen wieder erschöpft zu sein scheint und sich 1966/1967 verstärkt nach außen als Widerspruch zwischen Produktion und Konsumtion insgesamt richtete.

Diese qualitativen und quantitativen Veränderungen der industriellen Kapitalstruktur und seiner organischen Zusammensetzung hatten Auswirkungen, die für die Produktionsexpansion der verschiedenen Sphären bzw. Industriezweige recht unterschiedlich waren und auf diese Weise die Produktionsstruktur veränderten.

Die organische Zusammensetzung des Kapitals stieg also zwischen 1950 und 1966, besonders aber ab 1958 zweifellos in allen Industriezweigen absolut stark an, aber einmal war diese Steigerung sehr differenziert in ihrem Ausmaß, und zum anderen waren die Anteile dieser sich unterschiedlich steigernden organisch zusammengesetzten Teile des gesamtindustriellen Kapitals im Verlauf der Entwicklung nicht konstant.[6] Bestimmend für das Resultat dieses Prozesses war einmal der Tatbestand der relativen Abnahme des strukturellen Anteils von überdurchschnittlich kapitalintensiven, d.h. eine im Verhältnis zur gesamten Industrie überdurchschnittlich hohe organische Kapitalzusammensetzung aufweisenden Bereiche, besonders des Bergbaus und - weniger stark ausgeprägt - der Grundstoff- und Produktionsgüterindustrien. Andererseits war ein überdurchschnittliches Wachstum des - im Verhältnis zur gesamten Industrie - relativ niedrig organisch zusammengesetzten Bereichs der Investitionsgüterindustrien die Ursache dafür, daß eine noch höhere Steigerung der organischen Zusammensetzung des industriellen Kapitals insgesamt, oder anders ausgedrückt, ein noch schnelleres Wachstum des industriellen fixen Kapitals, der Kapitalfixierung, dadurch relativ etwas abgebremst wurde. Krengel errechnete beispielsweise für den Zeitraum von 1950 bis 1960 für die westdeutsche Industrie einen Struktureffekt in bezug auf das Brutto-Anlagevermögen in Höhe von 7,7 Md. DM[7]. Extrapoliert man diesen Struktureffekt, d.h. nimmt man einen weiteren jährlichen Effekt von ca. 0,7 Md. DM an, dann ergibt sich eine Summe von ca. 12 Md. DM relativer Einsparung an fixem Kapital. Auf die 1966 in der westdeutschen Industrie Beschäftigten bezogen ist dies eine relative Einsparung von über 1,4 TDM fixes Kapital je Beschäftigten. Bei gegenüber 1950 unveränderter Produktions- und Kapitalstruktur wären also für die Erzeugung desselben Produktionsvolumens des Jahres 1966 im Durchschnitt der Industrie anstatt 22,8 TDM 24,2 TDM fixes Kapital je Beschäftigten notwendig gewesen. Dies bedeutet, daß durch den Prozeß der Wandlung der industriellen Produktions- und Kapitalstruktur, also deren Verhältnismäßigkeiten, in Form von relativer Einsparung an fixem konstanten Kapital Wachstumspotenzen freigesetzt werden, obgleich dies sehr wahrscheinlich ein nur zeitweilig relevanter Vorgang ist.

Auch in bezug auf die Entwicklung des zirkulierenden konstanten Kapitals entstehen durch den technischen Fortschritt Einsparungsmöglichkeiten an vergegenständlichter Arbeit, wie z.B. durch die Entwicklung der spezifischen Materialintensität. Quantitatives und wertmäßiges Sinken des Rohstoffverbrauchs bzw. die Verwendung qualitativ, gebrauchswertmäßig verbesserter Stoffe und folglich wertmäßig relatives Sinken des Materialeinsatzes je Produkt werden durch den wissenschaftlich-technischen Fortschritt in erhöhtem Ausmaß realisierbar. Dies wirkt sich - und bildet somit einen Bestandteil des Strukturumwandlungsprozesses - beispielsweise zusammen mit dem Prozeß des zunehmenden Weiterverarbeitungs- und Veredelungsgrades der Produktion, in einem relativen Zurückbleiben der Produktion der sehr kapitalintensiven, der Kapitalfixierung nach weit überdurchschnittlichen extraktiven und grundstofferzeugenden Industriezweige im Verhältnis zur verarbeitenden Industrie aus, wenn dies auch nicht mit einem - gebrauchswertmäßig - gleich großen Zurückbleiben des Produktionsvolumens dieser Produktionssphären identisch sein muß. Trotzdem sind daraus weiterhin als sekundärer Struktureffekt sich tendenziell relativ verringernde Anforderungen an das sehr kapitalintensive und nicht unmittelbar profitbringende Transport- und Verkehrswesen abzusehen.

Schließlich wollen wir hier noch auf einen weiteren Aspekt der Ökonomie des konstanten Kapitals hinweisen, auf die Möglichkeit der durch den wissenschaftlich-technischen Fortschritt realisierbaren und praktikablen Erhöhung des Wirkungsgrades, der Produktivität der modernen Produktionsausrüstungen im Verhältnis zu deren Wert bzw. deren Investitionsaufwendungen. Diesem Faktor ist sicher gerade auch bei qualitativen Veränderungen der Produktionsprozesse, bei der Erneuerung des gesamten industriellen Produktionsorganismus einiges Gewicht beizumessen. Er bildet seinerseits ebenfalls einen - im Gegensatz zur Entwicklung der spezifischen Materialintensität - in der Relation zwischen Investitionen bzw. fixem Kapital und Produktion erfaßbaren Bestandteil der Ökonomie des konstanten Kapitals.

Alle drei hier erwähnten Faktoren, die zur Einsparung vergegenständlichter Arbeit und damit zur Freisetzung potentieller Wachstumsfaktoren wesentlich beitragen, die Akkumulation und eine mögliche Erweiterung des Reproduktionsprozesses fördern, wurden speziell durch den Strukturwandlungsprozeß günstig beeinflußt, wenn nicht sogar erst dadurch in ihrem besonderen Umfang ermöglicht. Allerdings, und hier stoßen wir auf einen durch die kapitalistischen Eigentumsverhältnisse bedingten Widerspruch, wird diese Einsparung an vergegenständlichter Arbeit in ihrer spezifischen, strukturell bedingten Form erst im Maßstab des Gesamtkapitals sichtbar und effektiv, obwohl sie nur über die Verwertung der Einzelkapitale realisiert werden kann. Tatsächlich handelt es sich dabei aber um ein Problem gesamtwirtschaftlichen Wachstums.

Wir wollen diesen Prozeß der Freisetzung von Wachstumsfaktoren am Beispiel der relativen Entwicklung von Investitionen und Produktion bzw. von fixem Kapital und Produktion allgemein und speziell an Beispielen typischer Industriezweige noch verdeutlichen (vgl. Tabelle 1).

Die Investitionsintensität der industriellen Produktion, d.h. das Verhältnis der Investitionen je Einheit Nettoproduktion hat sich in der westdeutschen Industrie von 1950 bis 1958 und noch mehr seit 1958 verringert.[8] Dieses im Untersuchungszeitraum zu beobachtende Sinken im Schnitt der gesamten Industrie gibt jedoch kein sehr deutliches Bild vom Prozeß der Anwendung der modernen und produktiveren Technik zur Erzeugung der Industrieproduktion. Im ersten Teilabschnitt bis Ende der 50er Jahre wurde der technische Fortschritt offenbar zuerst vor allen in den Produktionssphären der Bereiche des Bergbaus und der Grundstoff- und Produktionsgüterindustrien, also in Zweigen typischer homogener Massenproduktion eingeführt. Dagegen war die Investitionsintensität in den anderen Bereichen der westdeutschen Industrie in dieser Periode gegenüber 1950 erheblich niedriger und besonders im Verhältnis zu den oben genannten beiden Bereichen. Nach 1958 vollzogen sich in dieser Entwicklung nicht unbedeutende Veränderungen. Im Gegensatz zum Bergbau, in dem der Prozeß der technischen Umwälzung - gemessen an der Investitionsintensität - zunächst abgeschlossen zu sein scheint, war die Investitionsintensität im Bereich der Grundstoff- und Produktionsgüterindustrien ihrem Niveau nach auch 1966 noch höher - wenn auch in geringerem Umfang als 1958 - als 1950, und die anderen Indstriebereiche zeigten im Verhältnis zu 1958 eine steigende Tendenz. Diese Tendenz wird durch den 1966/67 ausgelösten Prozeß der weiteren Konzentration und Zentralisation von Produktion und Kapital in der westdeutschen Industrie sicher vorerst noch anhalten, und speziell der Bereich der Investitionsgüterindustrien muß in diesem Zusammenhang genannt werden.

Gerade in diesem innerhalb der westdeutschen Industrie - ausschließlich Fahrzeugbau - noch relativ niedrig produktivem Bereich, der aber 1966 bereits fast ein Drittel aller industriellen Anlageinvestitionen auf sich vereinigte, wird die auch außenwirtschaftlich zur Notwendigkeit gewordene Einführung modernerer Produktionsverfahren die Investitionsintensität weiter steigen lassen. Dies wird die Produktion von Produktionsmitteln, die produktive Konsumtion zweifellos erneut stimulieren, wird die organische Kapitalzusammensetzung und die Kapitalfixierung allerdings im Investitionsgüterbereich beschleunigt steigen lassen und folglich zur erhöhten Freisetzung von Arbeitskräften führen.

Dieser Prozeß wird auch Konsequenzen für die Entwicklung des Struktureffekts hinsichtlich des Brutto-Anlagevermögens und des fixen Kapitals je Einheit Nettoproduktion haben und sie im Verhältnis zur bisherigen Nachkriegsentwicklung verändernd beeinflussen. Wir hatten festgestellt, daß der auf das Anlagevermögen der westdeutschen Industrie bezogene Struktureffekt besonders auch durch die erfolgten strukturellen Veränderungen der unterschiedlich organisch zusammengesetzten Teile des industriellen fixen Kapitals im Untersuchungszeitraum in nicht unbedeutenden Umfang positiv war. Dies sowie die Anwendung des technischen Fortschritts, die Einführung produktiverer Produktionsmittel widerspiegelt sich in der Entwicklung der Kennziffer Brutto-Anlagevermögen je Einheit Nettoproduktion, die, obwohl stark vom jeweiligen Grad der Ausnutzung der Produktionskapazitäten und von anderen Faktoren abhängig, im wesentlichen von der Entwicklung der Investitionsintensität zwischen 1950 und 1966 bestätigt wird.

Die Entwicklung der Relation zwischen dem Brutto-Anlagevermögen und der Nettoproduktion, die neben anderen Faktoren die Entwicklung der Ökonomie des konstanten Kapitals und damit eine Teilbeziehung volkswirtschaftlicher Effektivität und ökonomischen Wachstums umfaßt, zeigt im Ergebnis der Durchsetzung des technischen Fortschritts und speziell auch der Strukturveränderungen des industriellen Kapitals eine zeitweilig sinkende Tendenz, die sich bisher aber noch nicht offen durchsetzte. Wir betrachten diese Tendenz des Kapitalkoeffizienten hier vor allem unter dem Aspekt des Strukturwandlungsprozesses, der die Veränderung der relativen Anteile der unterschiedlich organisch zusammengesetzten Teile des industriellen Kapitals in den verschiedenen Produktionssphären bewirkte, obwohl auch alle anderen nicht strukturspezifischen Formen der Ökonomie des konstanten Kapitals sowie die unterschiedliche Entwicklung von wert- und gebrauchwertmäßiger Reproduktion ebenfalls wesentliche Bestandteile dieser Entwicklungstendenz sind.

Der Kapitalkoeffizient muß einmal im langfristigen Sinne betrachtet werden, was im Rahmen dieser Arbeit nicht möglich ist, und er muß zweitens unter dem kurzfristigen Aspekt analysiert werden. Kurzfristig gesehen, wird der Kapitalkoeffizient in der Industrie insgesamt und in deren einzelnen Bereichen und Zweigen durch die zyklische massenhafte Erneuerung des fixen Kapitals, durch die periodisch sich häufenden Investitionen verändert.[9] Die tatsächliche Entwicklung des industriellen Kapitalkoeffizienten zeigt aber im Untersuchungszeitraum trotz relativ hohem Investitionsvolumen und relativ schnellem Wachstum des fixen Kapitals kein entsprechend schnelles Steigen dieser Kennziffer, sondern zwischen 1950 und 1958 ein - sicher vornehmlich durch den steigenden Kapazitätsauslastungsgrad bedingtes - deutliches Absinken und anschließend bis 1966 ein nur geringes Ansteigen, wobei zu berücksichtigen ist, daß der Ausnutzungsgrad des fixen Kapitals 1966 bestimmt nicht höher lag als 1958. Wir betrachten diese gegenwärtige Entwicklung des Kapitalkoeffizienten vor allem als Resultat der Veränderungen der fixen industriellen Kapitalstruktur. Absolut sank zwischen 1958 und 1966 nur in 6 Industriezweigen der Kapitalkoeffizient, aber das relative Gewicht der einzelnen Produktionssphären mit ihrem jeweiligen Kapitalkoeffizienten und seiner Entwicklung veränderte sich doch recht erheblich, und das war schließlich entscheidend für den industriellen Kapitalkoeffizienten.[10] In einigen überdurchschnittlich expandierenden Industriezweigen sank der Kapitalkoeffizient recht deutlich ab oder hatte im Verhältnis zum gesamtindustriellen Durchschnittswert ein niedriges Niveau, wie z.B. in der Mineralölverarbeitung, der Chemischen Industrie, der Elektrotechnischen Industrie, in der Kunststoffverarbeitung, also in Industriezweigen, die zu den Wachstumsindustrien zu zählen sind und deren Bedeutung innerhalb der Industrie noch weiter zunehmen wird. Andererseits war ebenso wichtig für die Entwicklung des industriellen Kapitalkoeffizienten, daß Zweige mit überdurchschnittlich hohem oder steigendem Kapitalkoeffizienten relativ und teilweise auch absolut - gemessen an ihren Anteilen an der industriellen Gesamtproduktion und/oder am industriellen fixen Kapital - einem Schrumpfungsprozeß oder relativer Stagnation unterlagen, wie beispielsweise in den Bereichen der extraktiven Industrie sowie der Grundstoff- und Produktionsgütererzeugung.

Beide Faktoren bewirkten eine annähernde Kompensation des in vielen Zweigen zwischen 1958 und 1966 - meist durch sinkende Auslastung der Produktionskapazitäten bedingten - Steigens des Kapitalkoeffizienten und ließen den gesamtindustriellen Kapitalkoeffizienten relativ konstant bleiben. Beide Hauptursachen für die Entwicklung des zur Produktion notwendigen fixen Kapitals, erstens der technische Fortschritt und seine Durchsetzung, der Möglichkeiten für die Einsparung zur Produktion notwendigen vergegenständlichen Arbeit bietet, und zweitens der Prozeß der Strukturwandlung werden vorläufig in ihrer Bedeutung für die weitere Entwicklung des industriellen Kapitalkoeffizienten nicht abgeschwächt werden. Sie werden zunächst eher ihre Wirkungsweise verstärken, obwohl sich die Richtung des Strukturwandlungsprozesses hinsichtlich seiner Effekte ändern kann.

Ausgehend von diesen beiden Prozessen, wobei aber die Strukturwandlung zumindest in ihrer gegenwärtigen effektiven Form zeitlich doch gewisse Grenzen haben dürfte, scheint es berechtigt, für den Zeitraum der revolutionären technischen Umwälzung in der Industrie insgesamt von einer zeitweiligen Tendenz des Sinkens des Kapitalkoeffizienten - als Aggregatgröße - zu sprechen. Schließlich bildet der technische Fortschritt seinerseits auch in der praktischen Anwendung immer wieder neue Möglichkeiten für die Ökonomie des konstanten Kapitals, wie z.B. bei der Entwicklung der spezifischen Materialintensität der industriellen Produktion, die auf weitere strukturelle Veränderungen hin als Impuls wirkt.

Diese strukturellen Veränderungen des industriellen Gesamtkapitals und folglich die aus diesem Prozeß erwachsenden Möglichkeiten der Freisetzung ökonomischer Wachstumspotenzen können sich jedoch nur innerhalb der Gesetzmäßigkeiten der kapitalistischen Ökonomik vollziehen. Die qualitativen und quantitativen Veränderungen der Struktur der industriellen Produktionsprozesse durch den wissenschaftlich-technischen Fortschritt bewirken gesetzmäßig auch Veränderungen in der Struktur und Proportionalität des gesamtindustriellen Produktionsprozesses. Das industrielle Gesamtkapital, seine Struktur und seine Verwertung werden jedoch bestimmt von den strukturellen Veränderungen und den Verwertungsbedingungen innerhalb der Einzelkapitale.

Der qualitative Sprung innerhalb der technischen Entwicklung vollzieht sich entsprechend den Gesetzen der kapitalistischen Ökonomik, die vom primär beherrschenden Ziel und Zweck der Kapitalverwertung bestimmt wird, innerhalb der Schranken des kapitalistischen Eigentums. Der Verwertungsprozeß ist gegenüber dem Arbeitsprozeß vorrangig, - die Einheit beider charakterisiert den kapitalistischen Produktionsprozeß - und der Arbeitsprozeß dient dem Kapital nur als Mittel seiner Verwertung. Da die einzelnen Kapitale unmittelbar nur an ihrer individuellen Verwertung interessiert sind, werden die strukturellen Veränderungen in der Industrie wie auch in der gesamten Wirtschaft als Resultante der Bewegung der Einzelkapitale realisiert. Die Struktureffekte liegen so praktisch außerhalb des Kalküls der einzelnen Unternehmen und Monopole. In diesem Widerspruch erscheint hier der Grundwiderspruch des Kapitalismus, und innerhalb der kapitalistischen Produktionsverhältnisse sind diese gesamtindustriellen und gesamtwirtschaftlichen Umstrukturierungsprozesse, da sie über die Grenzen des Einzelkapitals weit hinausreichen, teilweise nur noch mittels aktiver staatlicher Eingriffe in den Reproduktionsprozeß zu bewältigen, weil sie nicht mehr in den Rahmen des alten Preis-Profit-Mechanismus hineinpassen.[11]

Neben diesen Grundwiderspruch tritt im Ergebnis der auf Grund der wissenschaftlich-technischen Entwicklung schnell steigenden technischen und organischen Zusammensetzung des Kapitals der Widerspruch zwischen der Kapitalfixierung und der gerade im Zusammenhang mit revolutionären Umwälzungen der Produktivkräfte verbundenen strukturellen Veränderungen notwendigen Kapitalmobilität und -flexibilität. Der Monopolkapitalismus steht in dieser Hinsicht einer Selbstbewegung und der Entwicklung der Produktivkräfte entgegen und ist in seiner Produktions- und Kapitalstruktur von zunehmender Erstarrung bedroht.[12] Damit ist der Prozeß der Wandlung der Produktions- und Kapitalstruktur entsprechend den Anforderungen der Produktivkraftentwicklung, der generell durch die kapitalistischen Eigentumsschranken gehemmt wird, aus sich heraus nur schwierig lösbar geworden und kann nur unter Einschaltung des imperialistischen Staates als ökonomische und politische Potenz im kapitalistischen Sinne "gelöst" werden, in unserem Falle in bezug auf die Entwicklung einer optimaleren und profitableren, also wachstumsfördernden Produktions- und Kapitalstruktur.

Außerdem, was ein sehr wesentlicher Gesichtspunkt ist, gehen die gewaltig gestiegenen Anforderungen, die die Entwicklung von Wissenschaft und Technik heute an die Akkumulationskraft des Kapitals auf betrieblicher wie auch auf gesamtwirtschaftlicher und internationaler Ebene stellt, oft über die Potenzen des Einzelkapitals hinaus und verlangen die Entwicklung der Produktivkräfte in einem Maßstab, der zunehmend Lösungen im gesamtwirtschaftlichen und -gesellschaftlichen Rahmen erfordert.

Weiterhin stehen im Prozeß der Herausbildung einer effektiveren Produktions- und Kapitalstruktur als Ergebnis des wissenschaftlich-technischen Fortschritts die kurzfristigen Profitinteressen der Einzelkapitale und die langfristigen, auf ein kontinuierliches Wachstum und auf die Erhaltung des kapitalistischen Systems gerichteten Interessen des staatsmonopolistischen Kapitals oft im Widerspruch zueinander.

Der von uns zu analysierende und in bezug auf seine Gesetzmäßigkeiten zu untersuchende Prozeß der Wandlung der industriellen Kapitalstruktur als Voraussetzung und Bedingung des ökonomischen Wachstums ist also ein in sich sehr widerspruchsvoller Prozeß, der im Rahmen der kapitalistischen Produktionsverhältnisse nur mit Hilfe staatlicher Regulierungs- und Lenkungsmaßnahmen zu realisieren ist. Er muß sich, obwohl unmittelbar das gesamtindustrielle und gesamtgesellschaftliche Kapital betreffend, als Prozeß der Steigerung der Produktion des relativen Mehrwerts, als Verbesserung der Verwertungsbedingungen der Einzelkapitale durchsetzen.

Daraus resultieren zwangsläufig zwei wesentliche, die Durchsetzung einer modernen Produktions- und Kapitalstruktur behindernden Probleme. Einmal ist dies die im Kapitalismus prinzipiell bestehende Schranke für die Entwicklung der Produktivkräfte, die Prämisse der Vergrößerung der Mehrarbeitszeit im Verhältnis zur notwendigen Arbeitszeit gegenüber der Verringerung der gesellschaftlich notwendigen Arbeitszeit insgesamt, und zum anderen ist es die Tatsache, daß sich ein für die gesamtindustrielle und -wirtschaftliche Entwicklung an sich durchaus effektiver Strukturwandlungsprozeß im allgemeinen nicht direkt und unmittelbar auf die industriellen Einzelkapitale als Zuwachs der Mehrwertproduktion auswirkt.

Bildet der Strukturwandlungsprozeß für das industrielle Gesamtkapital allgemein einen Faktor zur Verbesserung der Verwertungsbedingungen und eine Triebkraft für den ökonomischen Wachstumsprozeß, so gilt das für das einzelne industrielle Kapital oder für die Kapitale der verschiedenen Produktionssphären eben nur mit erheblichen Einschränkungen. Die "Bandbreite" der durch die Strukturwandlung beeinflußten Verwertungsbedingungen erstreckt sich von der Entstehung neuer Anlagesphären über alle Grade der Verbesserung und Verschlechterung bis zur teilweisen Liquidation von Kapitalanlagesphären in Zweigen mit relativ hohem Grad an Kapitalfixierung - wie z.B. in der extraktiven Industrie, speziell im Kohlenbergbau und in Zweigen traditioneller Grundstoff- und Produktionsgüterindustrien - also bis zur Kapitalvernichtung. Daran zeigt sich, wie - durch die Spezifik der Produktionsverhältnisse bedingt - der für die volkswirtschaftliche Entwicklung positive Prozeß der Strukturwandlung sich in sein Gegenteil verkehrt, wie sich privatkapitalistische und gesamtwirtschaftliche Interessen und Maßstäbe einander widersprechen.

Der hier zu untersuchende Prozeß der Wandlung der industriellen Kapitalstruktur mit seinen Konsequenzen für die gesamtwirtschaftliche Entwicklung ist Ausdruck des Wirkens des beherrschenden Prinzips der Profitmaximierung, der Realisierung der Methoden der Produktion des relativen Mehrwerts auf der Ebene der Einzelkapitale als innere Triebkraft und andererseits Ausdruck der Notwendigkeit der Ausübung staatsmonopolistischer Aktivitäten zur Steuerung des Reproduktionsprozesses mit dem Ziel, die innere Triebkraft gewissermaßen von außen her als gesamtindustrielle und gesamtwirtschaftliche Potenz wirksam und nutzbar zu machen, was unter den heutigen Bedingungen des internationalen Kräfteverhältnisses eine Existenzbedingung für das Funktionieren der kapitalistischen Ökonomik im nationalen wie im internationalen Maßstab ist.

Anmerkungen

1 Vgl. R. Katzenstein/S. Liebe, Zu einigen Entwicklungstendenzen der volkswirtschaftlichen Strukturen in Westdeutschland und anderen hochindustrialisierten kapitalistischen Ländern. Konjunktur und Krise, Heft 2/1968

2 Vgl. R. Katzenstein/S. Liebe, a.a.O., Statistische Beilage, Tabelle 33

3 Vgl. Wirtschaftskonjunktur, Berichte des Ifo-Instituts für Wirtschaftsforschung, München, Verlag Duncker & Humblot, 1963, Heft 4/1963, Sonderbeilage, S. 3; ebenda 1967, Heft 4/1967, Sonderbeilage, S. 7
Betrachtet man die Entwicklung der gesamten industriellen Investitionen zu realen Preisen von 1950, dann lagen die Kulminationspunkte der Zunahme in den Jahren 1956, 1961 und 1965, während ein geringer absoluter Rückgang um insgesamt ca. 73 Mill. DM bereits für 1957 und 1958 und ein stärkerer Rückgang mit einem Umfang von ca. 1,36 Md. DM nach 1961 bis 1963 festzustellen ist. Die zyklische Auf- und Abwärtsbewegung wird dadurch deutlicher ausgedrückt. - Vgl. R. Krengel, Die ersten Ergebnisse der Neuberechnung des industriellen Anlagevermögens für das Gebiet der Bundesrepublik auf der Preisbasis 1958, in: Vierteljahrshefte zur Wirtschaftsforschung, Verlag Duncker & Humblot, Berlin, Heft 3/1963, S. 274 ff.; R. Krengel, Produktionsvolumen und Produktionsfaktoren der Industrie im Gebiet der BRD, Verlag Duncker & Humblot, Berlin 1965, S. 58; R. Baumgart, Produktionsvolumen und Produktionsfaktoren der Industrie im Gebiet der BRD, in: Vierteljahrshefte zur Wirtschaftsforschung, Verlag Duncker & Humblot, Berlin 1966, Heft 4/1966, S. 411

4 Vgl. R. Katzenstein/S. Liebe, a.a.O., Statistische Beilage, Tabelle 34

5 Vgl. W. Kirner, Ermittlung von Investitionsgrößenordnungen für Wirtschaftsbereiche, DIW, Sonderhefte, N.F., Nr. 71, Verlag Duncker & Humblot, Berlin 1965, S. 82 ff.; Wirtschaftskonjunktur, Berichte des Ifo-Instituts f. Wirtschaftsforschung, München, Verlag Duncker & Humblot, Berlin-München 1967, Heft 4/1967, Sonderbeilage, S. 12

6 Die Streuung der Arbeitsproduktivität und der organischen Zusammensetzung des Kapitals in den einzelnen Industriezweigen nahm im Vergleich zu den jeweiligen gesamtindustriellen Durchschnittswerten zwischen 1950 und 1966 deutlich zu, und dies wirkte sich zweifellos auf die Effekte der Veränderungen von industrieller Produktions- und Kapitalstruktur aus.

7 Diese Berechnung basiert auf der Vermögensrechnung des DIW West-Berlin unter Verwendung branchenspezifisch konstanter Kapitalkoeffizienten. Vgl. R. Krengel, Ursachen und Wirkungen der Strukturveränderung des industriellen Anlagevermögens der BRD, in: Strukturwandlungen einer wachsenden Wirtschaft, Bd. II, Verlag Duncker & Humblot, Berlin(West) 1964, S. 740 ff. Vgl. dazu auch: D. Mertens, Die Wandlungen der industriellen Branchenstruktur in der Bundesrepublik Deutschland 1950 bis 1960, DIW, Sonderhefte, N.F., Nr. 68, Verlag Duncker & Humblot, Berlin 1964, S. 157 ff.

8 Diesen Zahlen liegen Berechnungen zugrunde, die jeweils auf konstanten Preisen von 1950 beruhen. Daher sind Abweichungen im Verhältnis zu Zahlen auf Basis laufender Preise möglich.

9 Vgl. S. Wygodski, Einige Tendenzen der kapitalistischen Reproduktion unter den gegenwärtigen Bedingungen, in: Sowjetwissenschaft-Gesellschaftswissenschaftliche Beiträge, Heft 2/1966, S. 139 ff.

10 Diese Entwicklung der Kapitalkoeffizienten ist durchaus nicht identisch mit der Entwicklung der organischen Kapitalzusammensetzung: hoher Zweikapitalkoeffizient ist nicht mit hoher organischer Kapitalzusammensetzung gleichzusetzen. Danach müßten beispielsweise Erdöl- und Erdgasgewinnung, Mineralölverarbeitung, Chemische Industrie, Kunststoffverarbeitung u.a. viel höhere Kapitalkoeffizienten haben, als es tatsächlich der Fall ist.

11 Vgl. P. Hess, Ziel und Rationalität des Wirtschaftswachstums im Kapitalismus sowie der Mechanismus ihrer Durchsetzung; Diskussionsmaterial zur internationalen Konferenz "100 Jahre 'Das Kapital', Erster Band, von Karl Marx"; Institut für Wirtschaftswissenschaften der Deutschen Akademie der Wissenschaften zu Berlin 1967, S. 19

12 Ob diesbezüglich die seit einiger Zeit zu beobachtende Tendenz zur Diversifikation der Produktionsprogramme in vielen Monopolunternehmen ein "Gegengewicht" zu schaffen vermag, ist zumindest fraglich. Vgl. dazu: E. Chmelnizkaja, Moderne Kombination und Diversifikation (Einige neue Erscheinungen in der Entwicklung der Monopole), in: Konjunktur und Krise, Heft 1/1967, S. 41 ff.

CONTENTS

SOMMAIRE

СОДЕРЖАНИЕ

FSC
www.fsc.org
MIX
Papier | Fördert gute Waldnutzung
FSC® C083411

Kolibri 360 GmbH
Ferdinand-Jühlke-Straße 7
99095 Erfurt, Deutschland
produktsicherheit@kolibri360.de